질문
있습니다

청년 CM교재 _ **청년의 질문, 성경의 대답**

초판 1쇄 발행 2018년 12월 29일
   2쇄 발행 2022년 7월 25일

펴낸이 박용호
펴낸곳 C M I
편집인 서길원
집필 위원 김동휘, 염은석, 이향기, 장석진, 정닛시, 최진모
집필 지도위원 김동현, 김성용, 김철한, 박용호, 박장혁, 서길원
감수 최진봉

등록 제300-2014-155호
주소 110-730 서울특별시 종로구 세종대로 149 감리회관 13층
전화 (02)399_3959 (대표)
팩스 (02)399_3940
홈페이지 www.cmi.ne.kr

기획편집 장이려
디자인 하늘공작소(02_416_3076)

ⓒ 속회연구원
ISBN 979-11-89808-00-6

- 이 책은 저작권법에 따라 보호받는 저작물이므로 무단전재와 무단복제를 금지하며, 이 책의 전부 또는 일부를 이용하려면 CMI출판사의 서면 동의를 받아야 합니다.
- 잘못된 책은 구입한 서점에서 교환하여 드립니다.

청년의 질문, 성경의 대답

인사말

저는 사역하면서 어렵고 힘들 때
창세기 13장 14절 이하의 말씀을 떠올립니다.

    조카 롯을 떠나보내고 허전함과 막막함에 힘들어하는 아브람에게 나타나신 하나님은 "너 있는 곳에서 북쪽과 남쪽 동쪽과 서쪽을 바라보라. 너 있는 곳에서 종과 횡으로 행하여 보라. 그리하면 이 땅을 너와 네 자손에게 주리라"고 하셨습니다. 어렵고 힘들다고 절망하거나 포기하지 말고 꿈을 꾸고 그 꿈에 맞게끔 무엇인가 하라는 말씀입니다. 그러면 하나님이 돌파구를 주셔서 미래를 열어주신다는 약속입니다.
    한국교회 그것도 다음 세대에 대해 생각하다보면 정말 막막합니다. 어찌해야 좋을지 잘 모르겠습니다. 방법도 없어 보입니다. 롯의 뒤를 쳐다보고 있는 아브람의 심정입니다. 그러나 저는 압니다. 이 때가 꿈꾸고 믿음으로 무엇인가를 해야 할 때임을!
    그래서 이번에 우리 연구원에서 청년공과를 썼습니다. 청년들에게 용기를 주고 싶었습니다. 청년부를 담당하는 목사님 6분이 각 교회에서 질문을 받아 나름대로 깊이 고민하며 섰습니다. 청년 사역에 조예가 있는 전문 목회자와 교수님이 감수를 하였습니다. 월 1회는 청년들 나름대로 행사가 있을 것 같아 40과를 써서 청년부 실정에 맞게 사용하도록 하였습니다.

첫 걸음이라 분명 서툰 것도 있습니다. 그러나 한국교회 최초의 청년속회공과이고, 교회 안에 있는 청년들의 고민을 토대로 쓴 것이며, 저물어가는 한국교회의 청년사역을 위한 그 어떤 몸짓의 결과로 나온 공과책입니다. 많이 사랑하여 주시고 많이 사용하여 주십시다.

    이 책이 나오기까지 수고한 분들이 있습니다. 집필한 6분 김동휘 전도사, 염은석 목사, 이향기 목사, 장석진 목사, 정닛시 목사, 최진모 목사와 감수하느라 수고하신 최진봉 교수님, 그리고 이 일을 진두지휘한 속구연구원 상임실장 장이려 목사께, 그리고 기도와 물질 후원을 해준 속회연구원 목회자들께 감사드립니다.

2018. 12. 19
속회연구원 원장
서 길 원 목사

추천사

청년들은 늘 질문합니다.

그 질문들은 매우 기본적인 것에서부터 뻔해보이는 질문까지 다양하고 폭이 넓습니다. 그래서 대답하기가 쉬우면서 어렵습니다.

이 책은 직접 현장에서 청년 목회를 하고 있는 6개 교회의 청년 담당 목사들이 청년들의 질문을 고민하면서 쓴 책입니다. 당연히 현장에서 씨름하고 토론하며 가르친 내용입니다. 매우 쉬워보이는 질문일지라도 간과하지 않고 하나씩 풀어 고민한 흔적이 있는 책이어서 의미가 있습니다.

그러므로 이 책은 청년의 질문들의 고민과 질문이 무엇이고 그 질문에 대해 현장 사역자들의 대답을 읽을 수 있어서 오늘의 청년들과 청년 목회자들에게 매우 중요한 도움이 되리라 믿습니다.

2018년 12월
꿈이있는교회 담임목사
하 정 완

Remember Your Creator in Your Youth

"너는 청년의 때에 너의 창조주를 기억하라(전 12:1)" 세상에 오신 성자 하나님 예수 그리스도께서 인류구원을 위하여 '올인'하신 때가 30-33세인 것은 이 땅의 모든 그리스도인들에게 영원한 청년예수의 정신으로 살라는 뜻일 것이다. 예수님이 동역자로 부르신 열두 사도들도 '나의 친구'라고 할 만한 청년들이었다. 기독교 박멸운동에 앞장섰다가 다메섹 도상에서 예수를 만나 자신의 일생을 예수께 '올인'한 때의 바울도 30-35세였을 것으로 추정한다. 이들은 하나같이 성령의 충만함을 받고 '예언을 하고 환상을 보며 꿈을 꾸고(행 2:17)' 청년예수의 비전성취에 온 몸을 던져 헌신한 청년들이었다.

기독교회는 청년예수의 신앙운동으로 세워졌다. 교회에서 청년들이 떠나고 있다며 걱정하는 것은 혹시 연륜을 더해가며 성숙을 운운하다가 애 늙은이가 되어 버린 때문은 아닐까? 청년예수는 다시 동역할 친구들을 부르고 있다. 지금 눈 앞의 먹고 입고 마시는 일도 소홀히 할 수는 없겠지만, 하나님나라의 거룩한 비전에 몸 바쳐 펄펄 끓는 열정으로 지치지 않고 예수님과 함께 일할 수 있다면 이 얼마나 영광스러운 삶이 되겠는가! 속회연구원에서 청년교재를 발행한 것은 예수의 요청에 응답한 열매라고 믿는다. 한 알의 밀알처럼 아주 적게 시작하였으나 나중은 심히 창대해진 하나님나라의 완성을 기대하며 이 책을 기쁨으로 추천한다.

2018년 12월
종교교회 담임목사
최 이 우

일러두기

"청년의 실문, 성경의 대답 -질문 있습니다"는 현재 교회를 출석하고 있는 청년 600여명을 대상으로 성경과 신앙생활에서 생겼던 의심이나 고민이 무엇인지 설문조사를 한 후, 그 안에서 함께 나눌 내용들을 추린 것입니다. 내용의 난이도는 청소년에서부터 노인에 이르기까지 어느 누가 보더라도 쉽고 가볍게 접근할 수 있게 하였습니다. 그러면서도 깊이 있는 신앙 고민과 진지한 여운이 남기를 바랐습니다.

이 책은 네 가지 부분으로 구성되어 있습니다. 첫 번째는 Open Talk입니다. 실제 우리가 마주하는 문제로부터 시작합니다. 두 번째는 General Talk입니다. 우리가 당면한 문제를 보통의 사람들과 일명 '교회 좀 다닌다' 하는 사람들은 어떻게 이해하고 설명하는 지, 또 어떻게 해결하려 하는지 살펴봅니다. 세 번째는 Bible Talk입니다. 이 문제에 대해 성경은 어떻게 이야기하며 신앙적으로는 어떻게 접근해야 하는지 알려줍니다. 네 번째는 Questions(Think, Q&A, Sharing)입니다. 소위 '정답'이라 불리는 것을 일방적으로 듣게만 하는 것이 아니라 자신의 생각과 경험을 함께 나눌 수 있게 함으로 신앙의 맷집을 기를 수 있도록 했습니다.

책의 순서는 주제별로 그리고 주제 안에서 논리적 흐름을 따라 되어 있습니다. 따라서 특별한 경우가 아니라면 정해진 순서를 따라 가는 것을 권장합니다. 그러면 탄탄하게 내용을 다져갈 수 있다는 장점이 있습니다. 하지만 얼마든지 자유롭게 상황에 맞게 사용하셔도 괜찮습니다. 순차적으로 다루다보면 지난주에 다뤘던 내용을 일정 부분 다시 다룰 수 있는 여지가 있어 반복되는 내용 속에서 신선함을 잃을 수도 있기 때문입니다.

다음과 같이 사용해도 좋을 듯 싶습니다. 1.1 →2.1 →(…) →6.1 →1.2 →2.2 →(…) 또는 거꾸로.

"모든 것 가운데 가장 좋은 것은 하나님이 우리와 함께 계심이라"
"The best of all is God is with us"
- John Wesley

CONTENTS

Chapter 01
구원에 관한 질문

1	예수님 모르고 죽어도 천국갈 수 있나요	14
2	구원이란 무엇인가요	18
3	구원 받은 것을 어떻게 확신 하나요	22
4	성화란 무엇인가요	26
5	하나님의 아들 예수 그리스도	30
6	우리와 함께 하시는 성령님	34
7	우리가 왜 죄인인가요	38

Chapter 02
믿음과 부르심에 대한 질문

1	나는 어떤 직업인으로 부르셨나요	44
2	내게 주신 달란트	48
3	하나님께 다 맡김	52
4	우선순위 정하기	56
5	믿음에도 보상이 있나요	60
6	신앙생활에 특별한 체험이 꼭 있어야 하나요	64
7	성령의 열매	68

Chapter 03
삶의 부딪힘에 대한 질문

1	성공	74
2	나는 실패하지 않았어	78
3	내가 왜 이런 고난을 당해야 하나요	82
4	말로 인한 갈등	86
5	권위에 순종, 어디까지 해야 하나요	90
6	기독교적 세계관	94

Chapter 04 예배생활에 대한 질문		
1	주일을 꼭 본교회에서 지켜야 하나요	100
2	성만찬, 왜 하나요	104
3	십일조 헌금이 부담돼요	108
4	응답 받는 기도가 따로 있나요	112
5	기도란 무엇인가요	116
6	하나님께서 말씀하신 복	120

Chapter 05 전도와 선교에 대한 질문		
1	예수천당! 불신지옥! 불편한 진리	126
2	청년 전도가 너무 어려워요	130
3	너는 교회에 왜 다니니	134
4	행함 없는 믿음의 위험성	138
5	선교에 동참 하려면 선교사가 돼야 하나요	142
6	영적 전쟁이 무엇 인가요	146
7	이단, 알고 대비하자	150

Chapter 06 일상생활에 대한 질문		
1	결혼, 꼭 신앙인과 해야 하나요	158
2	혼전성관계	162
3	제사, 참여해도 되나요	166
4	술, 마셔도 되나요	170
5	중독	174
6	우상	178
7	리더십	182

Chapter 01

구원에 관한 질문

1. 예수님 모르고 죽어도 천국갈 수 있나요
2. 구원이란 무엇인가요
3. 구원 받은 것을 어떻게 확신 하나요
4. 성화란 무엇인가요
5. 하나님의 아들 예수 그리스도
6. 우리와 함께 하시는 성령님
7. 우리가 왜 죄인인가요

CHAPTER
1.1

예수님 모르고 죽어도 천국갈 수 있나요

 Think

당신이
오늘 밤 죽는다면,
당신은 어디로
갈 것 같나요?
왜 그렇게
생각하나요?

 Open Talk

영화 "명량"을 감명 깊게 본 후 문득 이런 생각이 들었습니다. 이순신 장군이 살던 시대에는 아직 우리나라에 복음이 들어오지 않아서 예수님을 영접하지 못했을 텐데, 그러면 조국을 위해 목숨 바쳐 싸웠어도 천국에는 갈 수 없는지 말입니다. "이순신 장군님은 아주 훌륭한 일을 하셨는데, 천국에 가셨을까?"

생각은 꼬리를 물어 아직 복음이 들어가지 못한 나라에 살고 있는 사람들은, 태어나자마자 불행한 사고로 죽은 어린 아이들은 어떻게 되는 건지 고민에 빠졌습니다.

Q&A 선한 일을 많이 해도 예수님을 믿지 않으면 천국에 갈 수 없나요?

General Talk

모든 인간은 이 세상을 살다가 죽게 됩니다. 죽음이란 생명 활동이 정지되어서 다시 원상태로 돌아오지 못하는 현상입니다. 교회에서는 죽음 이후에 천국과 지옥의 삶이 있는데 예수님을 믿으면 천국에 간다고 가르칩니다.

많은 사람들이 묻습니다. 예수님의 이름을 들어보지도 못했거나, 믿지 않고 죽은 사람들은 사후에 어디로 가냐고요. 자신이 사랑했던 가족 중에 하나님을 믿지 않고 돌아가신 분이 계시는데 그럼 내가 사랑했던 그 가족은 지옥에 간 것이냐고 묻습니다. 그러면서 만약에 그런 하나님이라면 자신은 믿지 않겠다고 말하기도 합니다. 하나님이 부모님이고 사랑이시라면서, 어떻게 지옥으로 보낼 수 있느냐고 화를 냅니다.

또 이런 사람들도 있습니다. 종교다원주의자들이나 사이비 종교를 믿는 사람 중에는 선한 일, 덕이나 공을 많이 쌓으면 자신들이 말하는 구원을 얻게 되거나, 성인들로 인해 천국에 가게 된다고 말하기도 합니다. 심지어는 천국이나 지옥과 같은 것은 존재하지 않는다고 생각하는 사람들도 있습니다.

Q&A 당신은 어떻게 생각합니까?
이런 이야기에 당신은 무엇이라 말할 건가요?

Bible Talk

성경은 예수님을 믿어야만 구원 받는다고 말합니다. 이 믿음은 말씀을 들어야 생겨나는 것이며(롬 10:17), 이 말씀은 살아있고 운동력이 있어(히 4:12), 그 말씀을 들은 사람이 말씀대로 살아가게함(약 2:26)으로 구원을 받는 것이라고 가르칩니다.

그런데 우리가 구원 받게 하시는 길이 한 가지 더 있습니다. 이것은 예수님이 오시기 전에, 아니면 도저히 예수님의 이름을 들어볼 수 없는 상태에서 죽은 사람들을 위한 것 같습니다. 바로 양심입니다. 하나님은 우리에게 양심이라는 도구를 주셨습니다. 창조하실 때에 사람들의 삶 속에서 선한 것과 악한 것을 구분 할 수 있도록 양심을 만드셨습니다. 양심은 하나님이 인간의 마음에 새기신 또 하나의 구원의 도구(롬 2:14-15)입니다. 예수님을 알지 못하고 죽은 사람들에겐 양심이 그 사람을 천국으로 인도할 수 있는 기회를 준다는 의미입니다.

양심이란 무엇일까요? '함께 아는 지식'을 의미합니다. 혼자만 아는 지식이 아니라 서로 공통으로 인정할 수 있는 지식을 말합니다. 따라서 그것은 정당성을 지닙니다. 하지만 지금의 양심은 딱 거기까지입니다. 양심을 통해 죄가 드러나고 깨닫게는 하지만, 구원을 받게는 할 수 없습니다. 구원을 위한 "죄 사함은 피 흘림이 없이는(히 9:22)" 불가능하기 때문입니다.

Sharing

Q1 당신의 가족 중에 예수님을 모르고 돌아가신 분이 계신다면, 그 분은 천국에 가셨을까요?

Q2 이런 질문을 던지는 사람들에게 우리는 어떤 반응과 이야기를 해 주어야 할까요?

CHAPTER
1.2

구원이란 무엇인가요

 Think

그리스도인들이 죽음을 두려워하지 않는 이유는 무엇일까요?

 Open Talk

웨슬리는 신대륙 조지아에서 3년간 선교활동을 한 후 영국으로 향하는 배에 몸을 실었습니다. 얼마 후 배는 엄청난 풍랑을 만나게 되었고, 웨슬리는 거센 파도가 그의 목숨을 빼앗아 갈까 걱정이 되었습니다. 구원에 대해 수없이 설교를 했지만, 정작 자신에게 죽음이 닥쳐오니 두려워진 것입니다.

그 때 웨슬리는 한 무리의 크리스천들을 보았습니다. 그들은 모라비안 평신도들이었습니다. 그들은 배가 파선될 위기에도 불구하고 찬양과 기도를 드리고 있었습니다. 그들의 얼굴에는 죽음의 공포가 없었습니다. 심지어 함께 있는 어린 아이들에게도 두려움의 모습을 찾아볼 수 없었습니다. 그래서 웨슬리는 아이에게 물었습니다.

"얘야, 넌 죽음이 두렵지 않니?"

그 질문에 아이들은 대답하였습니다.

"네! 저는 구원받았기 때문에 두렵지 않아요."

Q&A 죽음의 위기가 닥쳐올 때, 나는 구원의 확신으로 인해 평안할 수 있을까요?

 General Talk

많은 사람들이 '죽으면 어떻게 될까? 죽음 이후의 삶이 과연 존재할까?' 라는 질문을 던집니다. 일부는 죽음 이후의 삶은 없다고 합니다. 또 죽음을 경험했다가 깨어난 아주 극소수의 사람들은 "죽음은 끝이 아니다. 죽음 이후에 또 다른 무언가가 있다."라고 입을 모아 이야기 합니다. 그러나 우리는 죽음을 경험해 보지 못했기 때문에 죽음 이후의 삶을 정확하게 알 수도 이해할 수도 없습니다.

사람은 두 번의 인생을 삽니다. 첫 번째는 엄마 뱃속에서 태아로 지내는 인생이고, 두 번째는 지금 우리가 이 땅에서 살아가는 인생입니다. 첫 번째 인생은 10개월, 두 번째 인생은 길면 120여년입니다. 엄마 뱃속에 있는 태아에게 이 땅에서의 삶을 열심히 설명한들 얼마나 알아듣고 이해할 수 있을까요? 그러나 10개월이 지나면 아이는 엄마의 뱃속을 떠나 두 번째 인생을 살아갑니다. 아이가 이 땅에서의 삶을 이해하든 못하든 상관없이요. 혹시 우리가 막연히 상상하는 죽음 이후에 다가올 삶이 우리에게 주어진 제3의 삶은 아닐까요?

Q&A 죽음 이후에 또 다른 삶이 있다고 생각하나요?

Bible Talk

보통의 사람들은 죽음을 두려워합니다. 그러나 그리스도인들 만큼은 앞서 말한 모라비안 평신도들처럼 죽음을 두려워하거나 떨지 않습니다. 그 이유는 무엇일까요? 죽음 이후의 세계를 인정하며, 죽고 난 뒤 성경에서 말하는 천국에 들어갈 확신, 즉 구원의 확신이 있기 때문입니다.

그렇다면 구원이란 무엇이고 또 어떻게 얻을 수 있을까요? 일반적으로 구원이란 '구하여 내다', '건져내다'라는 의미를 지닙니다. 성경적 구원이란 죄를 지은 인간의 영혼을 영원한 형벌에서 건져낸다는 뜻을 갖고 있습니다. 아담과 하와의 후손으로 태어난 모든 인간은 자연적으로 죄를 갖고 살아가게 됩니다. 죄를 지은 사람들의 최후는 사망이며 죄의 문제는 인간의 힘으로 해결할 수 없습니다(롬 6:23). 죄를 없애고 싶지만 스스로 죄를 지울 수 없고, 죄를 해결하지 못하면 영원한 죽음을 맞이할 수밖에 없습니다.

그래서 하나님께서 구원의 길을 우리에게 열어 주셨습니다. 바로 예수 그리스도입니다. 하나님은 자신의 아들 예수 그리스도를 이 땅에 보내셨고, 예수 그리스도를 믿으면 구원(영원한 생명)을 얻게 하셨습니다(요 3:16). 그러므로 예수님을 통해 구원을 얻은 사람들은 죽음 이후 천국에 들어갈 확신이 있기에 죽음을 두려워하지 않습니다.

많은 사람들이 예수님만이 구원의 유일한 길인지 질문하곤 합니다. 그 질문에 대한 말씀은 이렇게 기록되어 있습니다. "다른 이로써는 구원을 받을 수 없나니 천하사람 중에 구원을 받을 만한 다른 이름을 우리에게 주신 일이 없음이라(행 4:12)" 이 말씀처럼 구원은 오직 예수 그리스도를 통해서만 가능하며 내가 노력한다고 얻을 수 있는 것이 아닙니다. 구원은 하나님께서 우리에게 주신 선물이기 때문입니다(엡 2:8).

Sharing

Q1 당신에게 구원이 필요한 이유는 무엇인가요?

Q2 구원은 누구를 통해서만 가능한가요? 왜일까요?

CHAPTER
1.3 구원 받은 것을 어떻게 확신 하나요

 Think

당신은 구원 받았나요? 근거가 뭔가요?

 Open Talk

저는 이번 여름 수련회에서 은혜를 많이 받았습니다. 하나님께서 저를 사랑하셔서 독생자 예수 그리스도를 보내 주셨고, 그 예수님을 믿으면 구원을 받는다는 것을 알게 되었습니다.

그런데 시간이 지나면서 고민이 생겼습니다. 생활 속에서 죄를 짓고 있는 저를 발견한 것입니다. 죄를 지을 때마다 회개는 했지만, 반복적으로 죄를 짓는 저의 모습을 보면서 '이러다가 구원 받은 것이 취소되는 것은 아닐까?' 하는 걱정이 됩니다. 구원이 취소될 수도 있나요?

Q&A 구원이 취소될 수 있을까요? 왜 그렇게 생각하나요?

General Talk

교회에 다니고 나니 헷갈리는 부분들이 참 많습니다. 처음 교회에 올 때만 해도 교회만 다니면 다 구원받는다고 생각했습니다. 그런데 설교말씀을 들으니 꼭 그렇지도 않았습니다. 모든 예배에 참석해야하고, 성경도 많이 읽어야 하고, 헌금도, 기도도, 선한 일도 많이 해야 하고 또 전도도 많이 해야 구원을 받는 것만 같습니다. 게다가 죄를 안 지으려 해도 자꾸 짓게 되니, 때로는 '어차피'라는 생각이 들면서 점점 구원에 대한 확신이 느슨해져 갔습니다.

그런데 참 태평스러워 보이는 분들도 있습니다. 겉보기에 그의 행실은 저와 같거나 구원 받기 더 어려워 보이는데, 스스로 구원 받았다고 좋아하며 간증하는 것을 보면 참 신기합니다.

성경에서는 '구원 받은 확신이 있는 사람은 구원에서 절대 떨어지지 않는다'고 배우지만, 설교에서는 '구원받은 사람도 구원에서 떨어질 수 있다'고 하는 것 같습니다. 또 함께 신앙 생활하는 사람들의 삶의 모습을 보면 구원에서 떨어질 수 있다는 것이 정답인 듯하고, 그래야 될 것 같기도 합니다.

Q&A 당신은 어떻게 생각합니까? 그 까닭은 무엇인가요?

Bible Talk

예수님을 구주로 아는 것만으로 구원 받았다고 할 수 없습니다. 예수님을 좋아한다고 구원 받은 것도 아닙니다. 교회를 출석하고, 봉사를 많이 해도 마찬가지입니다.

구원은 예수님이 나의 죄로 인해 죽으시고 나를 위해 다시 사신 나의 구세주이심을 알고 믿을 뿐 아니라, 예수님 없이는 살 수 없음을 깨닫는 사람, 그 사람이 구원 받은 사람입니다. "누군가 당신 구원 받았습니까?"라고 물을 때 남들이 다 그렇게 대답하니 나도 그렇게 대답한다면 엄밀히 말해 구원 받은 사람이 아니라고 성경은 말합니다(마 7:21).

예수님을 영접함으로 구원받았지만 죄를 지어서 혹은 여타의 이유 때문에의 확신이 흔들리는 사람이 있습니다. 과연 구원이란 죄를 지을 때 취소되고 다시 회개하면 얻어지는 것일까요? 그렇지 않습니다. 예수님을 영접하면 반드시 구원을 얻고 무엇으로도 끊을 수 없습니다. 구원을 받았음에도 흔들리고 의심이 생기는 이유는 원죄와 자범죄의 이해가 혼란스럽기 때문입니다.

원죄란 아담으로부터 시작된 죄의 뿌리입니다. 아담의 범죄로 인해 모든 사람이 원죄를 갖게 되었습니다. 하나님께서는 이를 해결하시기 위해 예수 그리스도를 보내주셨고(요 3:16) 그를 믿을 때 죄로부터 완전히 자유하게 됩니다. 이로 인해 하나님과의 관계가 회복되었고 구원을 얻게 되었습니다(요 1:12).

구원을 받았지만 나의 잘못된 생각과 생활로 죄를 짓는 경우가 있습니다. 이것을 자범죄라 합니다. 보통은 자범죄 때문에 구원에 대한 확신이 흔들립니다. 그러나 하나님은 죄를 짓지 않겠다고 하나님 앞에 진심으로 고백할 때, 즉 회개할 때 모든 죄를 용서하신다고 하셨습니다(요일 1:9).

예수님을 영접했다면 하나님의 자녀라는 것을 확신하십시오. 성경은 하나님의 아들을 믿는 자는 자기 안에 증거가 있다고 말합니다(요일 5:9). 그리고 구원 받은 이 사실을 예수님께서 지키시고 보호하십니다(요 17:12). 그러니 구원 받은 사람, 예수 그리스도 안에 있는 사람은 구원 받았음을 의심하지 말고 믿고 확신하며 살아도 됩니다.

Sharing

Q1 구원의 확신이 흔들린 적이 있나요? 왜 흔들렸나요?

Q2 당신이 구원받지 못하거나, 구원의 확신이 흔들리면 좋아할 누군가가 있을까요? 왜 그가 좋아할까요?

CHAPTER
1.4

성화란 무엇인가요

 Think

믿음대로
살기 위해서
어떠한
노력을 했나요?

 Open Talk

반에서 매번 꼴찌를 하던 학생이 어떤 자극을 받고 다음 시험에서는 꼭 성적을 올리겠다고 다짐했습니다. 다짐을 한 학생에게 필요한 것은 무엇일까요? 책상에 앉아 공부하는 것입니다. 이전에 하던 컴퓨터 게임과 친구 만나는 것을 뒤로 하고, 열심히 공부해야 좋은 성적을 거둘 수 있습니다. 만약 결심만 하고 공부를 하지 않는다면 결코 좋은 성적을 거둘 수 없을 것입니다.

예수님을 믿고 은혜 받은 사람들도 결심을 합니다. 옛 자아를 죽이고 이제 새 사람으로서 하나님이 기뻐하시는 사람으로 살아가겠다고 말입니다. 그러나 결심만 하고 실천하지 않는다면 반쪽짜리 믿음이 되고야 맙니다.

Q&A 하나님께 은혜 받은 후 변화된 삶을 다짐한 적이 있나요?

General Talk

 구원은 하나님의 값없이 주시는 은혜로부터 시작이 됩니다. 하나님께서는 먼저 은혜를 베푸셔서 죽을 수밖에 없는 죄인을 회개의 과정을 통해 구원하셨습니다. 이러한 은혜를 바로 하나님의 '선행적 은총'이라고 합니다. 하나님께서 죄인들에게 먼저 손을 내미시고 깨닫게 하시는 은혜를 베푸셨다는 뜻입니다.

 하나님은 죄인이었던 자들에게 새로운 삶의 기회를 주셨습니다. 자신의 죄를 깨닫고 회개할 때 하나님은 우리를 의롭다 인정해 주시고, 동시에 우리는 거듭나게(새롭게 태어남) 됩니다. 이러한 과정들이 순서를 따라 이루어지는 것 같지만 거의 동시에 일어납니다.

 하나님의 은총을 통하여서 거듭난 사람들은 구원을 얻은 것에만 만족하고만 살아갈 수 없습니다. 새로운 존재는 새로운 삶을 살아가고 싶어 하기 때문입니다. 그 새로운 삶이 바로 성화의 삶입니다.

Q&A 깊이 배인 습관을 버려본 적이 있나요? 어떤 것이었나요?

Bible Talk

　감리교의 창시자인 웨슬리는 구원의 감격만을 가지고 살아갈 것이 아니라, 성화의 삶을 살아야 한다고 강조하였습니다. 우리를 구원하신 하나님께서 모든 행실에서 거룩한 자가 되라(벧전 1:15)고 말씀하셨기 때문입니다. 거룩한 자가 된다는 것은 하나님의 성품을 닮아 가는 것을 뜻합니다.

　구원은 하나님께서 우리에게 예수 그리스도를 통해 주신 선물이므로 받은 즉시 이루어지지만, 성화의 삶은 단번에 이루어지지 않습니다. 마음만 먹는다고 성적이 오르지 않는 것처럼, 그에 맞는 행동과 노력이 있어야 목표점에 도달할 수 있습니다.

　성화의 삶을 살기 위해서는 이 말씀을 꼭 기억해야 합니다. "나는 그리스도와 함께 십자가에 못 박혔습니다. 이제 살고 있는 것은 내가 아닙니다. 그리스도께서 내 안에서 살고 계십니다. 내가 지금 육신 안에서 살고 있는 삶은, 나를 사랑하셔서 나를 위하여 자기 몸을 내어주신 하나님의 아들을 믿는 믿음 안에서 살아가는 것입니다(갈 2:20)"

　내 안에 그리스도께서 사신다는 말은 내가 원하고 기뻐하는 일들이 하나님도 기뻐하시고 원하시는 일인지 생각하고 행동하는 것입니다. 왜냐하면 나에게는 좋을지 몰라도 하나님 보시기에 악할 수 있기 때문입니다.

　그렇다면 구체적으로 성화의 삶, 하나님이 기뻐하시는 삶을 살기 위해서는 무엇을 해야 할까요? 첫째는 분별해야 합니다(롬 12:2). 작은 일 하나까지도 하나님이 기뻐하시는 일인지 죄악인지 분별해보는 것입니다. 둘째는 말씀대로 실천해야 합니다. 에베소서 4장 25절 이후의 말씀에는 성화의 삶을 살기 위해서 끊어야 할 것과 지켜야 할 것들이 기록되어 있습니다. 셋째는 성령님께 도움을 구해야 합니다(요 14:26). 성화의 삶을 스스로 살아낼 수 없기 때문입니다(벧전 5:8).

하나님의 자녀로서 성화의 삶을 사는 것은 지극히 당연한 일입니다. 그럼에도 불구하고 어렵고 힘들고, 종종 그렇게 살고 싶지 않을 때도 있습니다. 그러므로 매일 매일 성화의 삶을 살도록 노력하고 힘써야 합니다.

Sharing

Q1 왜 성화의 삶을 살아가야 하나요?

Q2 성화의 삶을 살기 위해 오늘 구체적으로 실천할 수 있는 것은 무엇이 있을까요?

CHAPTER
1.5 하나님의 아들 예수 그리스도

 Think

당신은 예수님을
누구라고
생각했나요?

 Open Talk

레오나르도 다빈치(Leonardo da Vinci)의 명작인 "최후의 만찬"은 어떻게 그려졌을까요? 이 그림은 예수님이 중앙에 앉아 계시고 제자들이 양옆에 앉아서 함께 마지막 식사를 하는 장면입니다. 본래 처음 그림에는 예수님께서 오른손에 컵을 들고 계셨다고 합니다. 그러나 현재 그림은 그렇지 않습니다. 왜 그렇게 되었을까요?

작품이 완성될 무렵 다빈치는 친구에게 그 그림을 보여주었는데, 친구가 대뜸 "다빈치, 여기 예수님이 든 컵은 꼭 진짜 같은데"라고 말했습니다. 다빈치는 그림의 주인공은 예수님인데, 컵에 사람들의 시선이 빼앗길까 봐 그림에서 지웠습니다. 예수님만이 주인공이 되도록 말입니다.

Q&A 당신의 삶에서 예수님이 진짜 주인공이 되고 있나요?

..... General Talk

사람들은 다양한 선택을 하며 삽니다. 무엇을 먹을까, 무엇을 입을까 등의 사소한 일상의 문제에서부터 평생 미래를 함께할 배우자까지 우리에게 주어지는 선택 문항은 점점 늘어나고 있습니다. 선택은 더 나은 것을 결정하는 선호도입니다. 선택은 현대를 살아가는 사람들의 자유와 권리입니다.

종교 역시 선택 사항 중 하나입니다. 그러나 정말 기독교에서 말하는 예수 그리스도는 다양한 선택 중 하나일까요? 예수는 위대한 4대 성인 중 한 사람일까요? 2000년 전 유대 땅 베들레헴에서 태어나신 예수를 단지 사람들의 고통과 병을 치료해 준 훌륭한 분 정도로만 생각해야 할까요? 위인전에나 나올법한 인물로 봐야 할까요? 정말 그럴까요?

Q&A 예수 그리스도가 당신의 삶에서 다양한 선택 중에 하나인가요? 아니면 그 이상의 의미인가요?

📖 Bible Talk

    성경은 예수님을 인간의 모습으로 이 땅에 오신 하나님의 아들로 소개합니다. 유대 베들레헴이라는 지역에서 태어나시고, 나사렛이라는 시골 동네에서 성장하신 예수님은 우리와 똑같은 육체로 오신 분이었습니다. 그래서 예수님은 배고픔을 느끼시고(마 4:1), 피곤하실 때는 잠을 청하시며(요 4:6, 막 4:38), 눈물을 흘리며 아파하는 감성을 가지셨습니다(요 11:35).

    그러나 예수님은 결정적으로 우리와 다른 부분이 있습니다. 예수님 안에는 은혜와 진리가 충만했습니다(요 1:14). 예수님만이 죄가 없기 때문에 인간의 죄의 문제를 해결할 수 있는 유일한 방법이 됩니다(히 4:15). 예수님이 십자가에 죽으심으로 우리의 모든 죄를 용서하셨고(골 1:20), 다시 부활하심으로 영원한 생명을 약속하셨습니다(벧 1:3).

    어느 날 예수님이 빌립보 가이사랴 지방에 이르러 제자들에게 물어보십니다. "사람들이 나를 누구라고 하느냐?" 예수님은 사람들이 자신을 누구로 알고 있는지 궁금했습니다. 이에 제자들은 답을 합니다. "예, 어떤 사람은 세례 요한이라고 하고요, 어떤 사람은 엘리야, 또 어떤 이들은 예레미야나 선지자 중에 하나라고 합니다." 그리고 다시 예수님은 제자들에게 질문을 던집니다. "그렇다면, 너희는 나를 누구라고 생각하느냐?" 이때 베드로가 "주는 그리스도시요 살아계신 하나님의 아들이십니다(마 16:16)"라는 놀라운 신앙고백을 합니다.

    예수님은 위대한 성인 중 한 사람이 아닙니다. 기독교라는 새로운 종교를 만든 창시자도 아니고, 도덕가, 윤리가도 아닙니다. 예수님은 하나님의 아들이시고, 우리의 구원자 그리스도이십니다. 그 예수님을 삶의 주인공으로 모셔 보지 않겠습니까?

Sharing

Q1 왜 예수님은 이 땅에 인간의 모습으로 오셨을까요?

Q2 예수님을 삶의 주인공으로 모신다면 어떤 일이 벌어질까요?

CHAPTER 1.6

우리와 함께 하시는 성령님

 Think

당신은 성령 하나님에 대해서 들어본 적이 있나요?

 Open Talk

민희는 친구의 전도를 통해 청년부 예배에 처음 나온 새가족입니다. 모든 것이 낯설었고, 특히 기독교 용어가 어색하게 다가왔습니다.

경배와 찬양의 시간이 끝나고 목사님께서 "성령님, 나에게 임재하옵소서"라는 주제의 설교를 하셨습니다. 민희는 호기심 가득한 마음으로 자신을 전도한 친구에게 물었습니다. "교회에서 믿는 신을 하나님이라고 부르지 않니? 근데 성령님은 뭐야? 그리고 임재라는 무슨 뜻이야?"

민희를 전도한 동혁이는 평소 성령님에 대한 이야기를 많이 듣고, 기도 시간에도 늘 고백했던 이름인데, 막상 답을 하려고 하니 정확히 뭐라고 말해야 할지 순간적으로 망설이게 되었습니다.

Q&A 어떤 것은 매우 익숙하지만 설명하기엔 어려운 까닭은 무엇일까요?

··· General Talk

　사람들은 보통 자신의 눈으로 확인한 사실을 정보로 받아들입니다. 그래서 신비하고 영적인 것은 의도적으로 거부하거나 무시하기도 하지요. 그러면서도 완전히 부인하지는 못합니다. 왜냐하면 우리가 삶을 살아가면서 눈으로는 볼 수 없지만 존재하는 것들을 경험할 때가 있기 때문입니다.

　평소 우리가 하는 수많은 '생각'은 눈에 보이지 않지만 존재합니다. "나는 생각한다 고로 나는 존재한다"고 이야기한 데카르트는 모든 것들을 다 의심하고 부인할 수 있지만, 생각하고 있는 나 자체는 부인할 수 없다고 하였습니다. 맞습니다. 눈에 보이지 않지만 '생각하는 나'는 존재하고 있는 것처럼, 우리가 다 알 수 없고 경험할 수 없지만 존재하는 것들이 분명 있습니다.

Q&A 눈에 보이지 않지만 실재하는 것에는 무엇이 있나요?

Bible Talk

　예수님은 공생애 3년 동안 성령님에 대해서 여러 번 강조하며 말씀하셨습니다. 바리새인 중 하나요, 율법사였던 니고데모가 밤중에 예수님을 찾아와서 예수님이 행하시는 표적에 대해 묻습니다(요 3:1-4). 이러한 기적과 표적은 하나님의 아들이 아니라면 도저히 할 수 없는 일이라 생각됐기 때문입니다. 이때 예수님은 니고데모에게 "사람이 물과 성령으로 나지 아니하면 하나님의 나라에 들어갈 수 없다(요 3:5)"고 하시며, 성령으로 거듭나는 것의 중요성을 말씀하십니다. 아무리 율법사로서 종교적 선함과 행위가 많다고 하더라도, 성령을 받아야 사람이 새롭게 변화될 수 있다는 것입니다.

　또한 제자들에게 마지막 지상 최대의 명령을 하시고, "너희는 몇 날이 못 되어 성령으로 세례를 받으리라(행 1:5)"고 말씀하셨습니다. 오순절 초대교회 성도들은 다함께 모여 뜨겁게 기도할 때 성령의 충만함을 체험하였습니다(행 2:1-4).

　예수님이 말씀하신 성령은 하나님의 거룩한 영입니다. 예수님은 그 성령님을 보혜사(Helper)라고 표현했습니다. 보혜사는 '우리를 돕는 자'로서 우리에게 모든 것을 가르치고 생각나게 하시며, 우리의 위로자, 변호자, 상담자가 되어 주십니다(요 14:26). 성령님은 지금도 진리의 영으로 우리와 함께 하십니다(요 14:17). 성경은 누구든지 예수 그리스도를 믿는 자는 성령을 선물로 받는다고 약속합니다(갈 3:14).

　예수님은 십자가의 죽음과 부활을 통해서 온 인류를 구원할 구원자의 사명을 다하셨습니다. 그리고 하늘로 승천하셔서 하나님의 보좌 우편에 앉아 우리의 중보자가 되어 주셨습니다.

　이제 예수님이 우리에게 보내신다고 약속하신 보혜사 성령님이 우리와 함께 하십니다. 그리고 이 땅에서 하나님의 뜻과 말씀대로 살도록 우리의 삶을 이끌어 주십니다.

Sharing

Q1 성령으로 거듭난다는 것이 어떤 의미일까요?

Q2 보혜사 성령님은 구체적으로 당신의 삶에 어떻게 일하고 계신가요?

CHAPTER 1.7

우리가 왜 죄인인가요

? Think

당신은 스스로 죄인이라고 생각하나요?

Open Talk

평소 신앙생활을 열심히 하던 한 청년은 예배를 한 번도 빠지지 않을 만큼 하나님을 향한 열망과 소원이 있었습니다. 그런데 어느 날부터인지는 모르겠지만 예배 시간에 늦게 오기 시작하더니 더 나아가 예배에 빠지기까지 하였습니다.

같은 소그룹에 있던 친구가 너무도 속상해 그 이유를 물어보았습니다. 그는 "하나님을 믿고 섬기지만 반복적으로 짓는 죄 때문에 마음에 커다란 죄책감이 자리 잡았고, 죄를 지으면서 하나님을 섬기고 예배한다는 것이 스스로 이중적으로 보였기에 예배에 빠졌다"고 자신의 속마음을 솔직하게 털어놓았습니다.

Q&A 당신도 죄책감 때문에 힘들어 본 적이 있었나요?

General Talk

　일반적으로 세상에서 말하는 '죄'는 누군가에게 정신적, 신체적인 손해를 끼쳤을 때, 외형적으로 표출된 범죄 형태를 말합니다. 다른 누군가에게 피해를 주지 않으면 그것을 죄로 간주하지 않을 때가 참 많습니다. 사람들은 겉으로 드러나지 않는다면 스스로 죄를 묵인하며 살아갑니다.

　마음으로 누군가를 미워하는 것은 세상적 기준으로 보면 죄가 아닙니다. 미워하는 감정이 행동으로 나타나 상대방에게 실제적인 피해를 주어야 죄로 봅니다. 또한 속으로 거짓된 마음이 가득하여도 그것을 거짓말이라는 형태로 표현하지 않는다면 죄로 여기지 않습니다.

　그래서 사람들은 자신이 죄인이라고 인식하지 못할 때가 많습니다. 다른 누군가에게 어떠한 피해도 주지 않았기 때문에 죄를 범한 것이 없다고 생각합니다. 그러나 정말 그럴까요?

Q&A 우리의 죄가 누군가에게 들키지 않았다고 해서 '죄 없다'고 할 수 있을까요?

Bible Talk

성경은 모든 사람은 죄인이라고 말합니다(롬 3:23). 인간은 육체를 입고 있기 때문에 죄를 지을 수밖에 없는 연약한 상태입니다. 우리는 죄가 겉으로 드러난 행위만을 '범죄'로 여기며 그에 합당한 책임을 물으나, 성경은 우리의 내면에 있는 죄의 동기와 과정까지도 죄라고 여깁니다. 이미 마음속에 음욕을 품고 여자를 보는 이는 간음한 것입니다(마 5:28).

첫 사람 아담의 후손으로 태어날 때부터 '죄성'이라는 것이 우리 속에 있고, 이 죄로 말미암아 모든 사람은 사망에 이르게 되었습니다(롬 5:12). 아담과 하와가 사탄의 유혹에 넘어가 하나님께 불순종함으로 '원죄'가 생겼고, 원죄 아래 있는 인간은 스스로 '자범죄'를 짓습니다. 그 죄에 대한 삯, 그 대가로 결국 인간은 죽게 됩니다(롬 6:23).

바울은 "오호라 나는 곤고한 사람이로다 이 사망의 몸에서 누가 나를 건져내랴(롬 7:24)"는 고백을 통해서 죄의 법과 싸우는 처절함을 표현하였지요. 날마다 마음으로는 하나님의 법을 육신으로는 죄의 법을 섬길 수밖에 없는 것이 인간의 연약함이라고 바울은 이야기 합니다(롬 7:25). 하지만 하나님은 우리의 연약함을 그 누구보다 잘 알고 계시며, 죄의 자리에서 돌아오기를 원하십니다.

하나님은 모든 인간의 마음속에 '양심'이라는 선한 도구를 주셔서, 우리 스스로 죄를 인식하고 깨닫게 하셨습니다. 죄를 지으면 양심에 가책이 생기고, 그때 자신 속에 있는 죄를 발견하고, 죄에 대해서 아파하기 시작합니다. 그러나 어떠한 인간도 스스로 죄에 대한 부분을 완전히 해결할 수는 없지요. 그래서 우리의 죄를 해결하기 위해서 오신 분이 하나님의 아들 예수 그리스도이십니다.

예수 그리스도를 통해 우리의 '원죄'는 해결되었습니다. 그러나 우리는 연약해서 또 실수하고 넘어지며 죄를 짓습니다. 이러한 '자범죄'는 날마다 예수 그리스도의 보혈을 힘입어 회개함으로 그 은혜를 통해서 정결해질 수 있습니다.

Sharing

Q1 내가 죄인이라는 것을 인정하면서도 한편으로는 죄인이라 불리는 것을 거부하는 이유는 무엇일까요?

Q2 당신이 죄를 반복적으로 짓는 것을 예방할 수 있는 좋은 방법이 무엇일까요?

Chapter 02

믿음과 부르심에 대한 질문

1. 나는 어떤 직업인으로 부르셨나요
2. 내게 주신 달란트
3. 하나님께 다 맡김
4. 우선순위 정하기
5. 믿음에도 보상이 있나요
6. 신앙생활에 특별한 체험이 꼭 있어야 하나요
7. 성령의 열매

CHAPTER
2.1

나를 어떤 직업인으로 부르셨나요

 Think

당신이 꿈꾸던 직업은 무엇인가요?

 Open Talk

이영표 선수는 어려서부터 축구선수가 되고 싶었습니다. 기왕이면 국가대표로 뛰고 싶었고, 더 나아가 유럽에서 선수 생활을 하며 성공하고 싶었습니다. 은퇴할 때는 누구보다 아름답게 마무리하는 것이 꿈이었습니다. 그러면 자연히 부와 명예가 따라올 것이고, 그것이 성공이라고 생각했습니다.

그리고 어느 순간 뒤돌아보니 자신이 원하던 것을 이루었음을 알게 되었습니다. 그런데 그렇게 모든 걸 쏟으며 달렸지만, 영원한 기쁨은 없었습니다. 그때부터 '나는 왜 살아야 하는지, 하나님은 나를 왜 지으셨는지'에 대한 진지한 고민과 함께 하나님이 원하시는 삶은 무엇인지를 묻기 시작했습니다.

* 크리스천투데이, 「모든 걸 이룬 이영표 "그래도 행복하지 않았다"」, 2017년 1월 4일 기사 인용

Q&A 하나님께서 우리를 부르신다는 것은 어떤 의미일까요?

General Talk

청년들은 어떤 직업을 선택할까요? 대부분은 임금이 많거나 안정된 미래가 보장되는 직업을 선택합니다. 그래야 남들과 비교했을 때 성공했다고 느끼기 때문입니다. 그래서 자신이 가진 재능이나 평소 좋아하던 것들도 성공을 위해서라면 잠시 접어둡니다.

상대적으로 좋은 직장이나, 안정된 일을 갖지 못한 청년들은 보다 좋은 것을 이루어내지 못했다는 실패감과 미래에 대한 불안감을 느낍니다.

성공하는 자리는 좁습니다. 그 좁은 자리를 차지하기 위해서는 영향력 있는 집안이나, 인맥이 필요하다고 생각합니다. 때문에 자신의 배경이 좋지 못하거나 어려운 사람은 행복한 삶을 이루는 것이 남들보다 훨씬 어렵다고 생각합니다. 좌절하고 마음이 상하기가 십상입니다.

Q&A 우리를 부르신 하나님은 우리를 위해서 어떤 일을 하고 계신 것일까요?

Bible Talk

성경은 하나님이 우리를 한 사람 한 사람 지명하여 불렀다고 말합니다(사 43:1). 우리의 삶을 설계하시고 인도하신다고 말합니다. 그러나 많은 청년들이 이 말씀을 오해합니다. 하나님께서 나를 부르셨으니 나를 위한 직업도 이미 정해 놓으셨다고 생각합니다. 그래서 하나님께서 예비하신 직업이 무엇인지 알아내는데 온 힘과 정성을 들입니다. 그 결과 자신이 얻은 직업에 만족하면 하나님께서 주신 것이라 생각하고, 그렇지 않으면 하나님의 뜻이 아니라고 생각합니다.

하나님은 우리를 어떤 직업인으로 부르시지 않았습니다. 우리가 어떤 직업을 갖는가보다 맡은 직업 안에서 마땅한 자세를 가지고 마땅한 역할을 하며 살아가도록 부르셨습니다.

하나님은 우리를 세상의 빛과 소금이라고 말씀하셨습니다(마 5:13-14). 세상에서 빛과 소금으로 살기 위해서는 어떻게 해야 합니까? 직업 그 자체보다는 그 안에서 어떻게 사느냐에 집중해야 합니다. 물론 직업 중에는 우리가 선택해서는 안 되는 직업들도 있습니다. 그런 것들이 아니라면 우리는 우리의 선택을 따라 직업을 구할 수 있습니다. 하나님은 그것을 기뻐하실 것입니다. 그러나 직업을 가진 이후에 자신의 마음대로 살아간다면 그것은 잘못된 것입니다. 사랑을 실천하며 선을 행하는 우리의 모습을 통해서 예수님을 알리고 증거해야 합니다.

우리는 하나님께서 우리를 어떤 직업인으로 부르셨나에 관심을 두는 것 대신, 나에게 어떤 재능을 주셨는지와 그 직업 안에서 어떤 역할을 하기를 원하시는가에 관심을 두어야 합니다.

Sharing

Q1 하나님이 우리를 만드시고 부르신 이유는 무엇일까요?

Q2 당신이 가진 직업에서 할 수 있는 빛과 소금의 역할은 무엇일까요?

CHAPTER 2.2

내게 주신 달란트

 Think

하나님이 당신에게 주신 달란트는 무엇인가요?

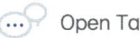 Open Talk

형은 어릴 때부터 그림을 참 잘 그렸습니다. 그래서 학교에서 뿐만 아니라, 여러 미술대회에서도 상을 받아오곤 했습니다. 그런 형은 언제나 부러움의 대상이었습니다. 왜 형만 그림을 잘 그리는지 부모님께 하소연한 적도 있었습니다. 형이 가지고 있는 미술적 재능을 시기하고 질투한 적도 많았고, 형과 나를 비교하면서 깊은 열등감에 빠지기도 했습니다. 똑같은 부모님 밑에서 태어나 자랐는데 왜 이렇게 다른지 말입니다. 내가 가진 재능과 달란트보다 형이 가지고 있는 것이 더 커 보였습니다. '나는 왜 그림을 잘 못 그리는 걸까? 난 예술적 감각이 없는 것 같아.' 나의 부족함만을 바라보며, 내게만 있는 소중한 재능들의 가치를 깨닫지 못했습니다.

Q&A 다른 사람과 나의 재능, 달란트를 비교해 본 적이 있었나요?

 General Talk

어려서부터 남다른 재능을 보이는 아이를 '영재'라고 부릅니다. 어른들은 그런 아이들을 모아 놓고 '영재 교육'을 시키려고 합니다. 그러다보니 남과는 다른 독특한 재능이 있는 사람들이 좀 더 우월한 것처럼 여겨지고, 특별한 대우를 받는 것이 당연하게 여겨지기도 합니다. 그러나 왠지 특별해 보이는 재능을 갖고 있는 사람들만 '달란트'가 있는 것일까요? 매우 평범해 보이는 사람에게는 숨겨진 재능이나 달란트가 없는 것일까요?

어린 시절 천재 소리를 듣던 사람이 지금은 매우 평범하게 살아가는 것을 TV 다큐멘터리에서 본 적이 있습니다. 이 사람은 6살 때부터 중학생이 풀 수 있는 수학 이론을 풀고, 초등학교에 다닐 나이에 대학에 입학했던 우수한 인재였습니다. 그런데 그가 인터뷰 중에 이런 고백을 했습니다. "지나친 사람들의 관심과 기대가 어린 시절 저를 매우 힘들게 했습니다." 이것을 지켜 본 정현철 KAIST 영재교육원 부원장은 "그가 너무 어린 나이에 세상의 주목과 기대를 받은 것이 독이 됐을 수 있다. 이제라도 늦지 않았다. 자신의 인생을 새로 설계하고 스스로 원하는 방향으로 나아갈 수 있기를 바란다."고 말했습니다.

Q&A 달란트라는 것이 꼭 남과는 다른 특별함이어야 할까요?

📖 Bible Talk

　성경은 달란트를 하나님께서 선물로 주신 은사라고 말합니다. 마태복음에는 이런 이야기가 나옵니다(마 25:14-30). 주인이 종들에게 각각 그 재능대로 한 사람에게는 다섯 달란트를, 한 사람에게는 두 달란트를, 한 사람에게는 한 달란트를 주며 받은 달란트를 잘 활용하라는 말을 남기고 떠납니다. 오랜 시간이 지나고 주인이 돌아와서 세 명의 종들과 결산을 합니다. 다섯 달란트와 두 달란트를 받은 자들은 각각 받은 달란트를 잘 활용해서 다섯 달란트와 두 달란트를 남겼습니다. 주인은 "잘하였도다 착하고 충성된 종아 네가 적은 일에 충성하였으매 내가 많은 것을 네게 맡기리니 네 주인의 즐거움에 참여할지어다(마 25:21)"라고 칭찬합니다. 그런데 한 달란트 받은 종은 자신이 받은 그 한 달란트를 땅속에 감춰두고 사용하지 않았습니다. 주인은 그 종에게 "악하고 게으른 종아 나는 심지 않은 데서 거두고 헤치지 않은 데서 모으는 줄을 네가 알았느냐?(마 25:26)"라고 화를 내며 그 달란트를 빼앗아 버립니다.

　하나님께서는 모든 사람에게 딱 맞는 달란트를 주셨습니다. 우리는 받은 달란트를 잘 활용해야 합니다. 만약 우리가 받은 달란트를 다른 사람과 비교하거나, 사용도 하지 않고 그냥 땅 속에 묻어 버린다면, 그 달란트와 재능이 아무 소용이 없게 되는 것입니다. 중요한 것은 달란트의 크기나, 그 이후에 달란트를 얼마나 불렸는지가 아니라, 사용하는 것입니다.

Sharing

Q1 당신이 받은 달란트 중에서 가장 맘에 드는 것은 무엇인가요?

Q2 당신은 하나님께 받은 달란트를 잘 활용하고 있나요?

CHAPTER 2.3

하나님께 다 맡김

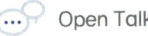 Open Talk

 Think

당신은 당신의 많은 부분을 맡길 수 있을 만큼 신뢰하는 사람이 있나요?

항해를 준비하는 배가 있습니다. 항해 날이 다가올수록 항해사는 초조해지기만 합니다. 왜냐하면 최근 바람이 없는 날이 너무나 많았기 때문입니다. 항해사는 간절한 마음으로 기도했습니다.

"하나님! 항해를 위한 바람이 불게 해주세요. 제가 할 수 있는 것은 하나도 없습니다. 하나님만을 의지하며, 하나님께 모든 것을 맡깁니다. 전적으로 이 항해는 하나님께 달려있는 것임을 고백하오니 최적의 날씨와 바람을 주세요."

드디어 항해 날이 되었습니다. 감사하게도 항해하기에 최적의 바람이 불어왔습니다. 하나님께서는 항해사의 기도에 신실하게 응답하신 것입니다. 항해가 시작되었습니다. 그런데 배는 앞으로 나아갈 수 없었습니다. 왜냐하면 항해사가 배에 매달 돛을 준비하지 않았기 때문입니다.

Q&A 당신도 항해사와 같은 모습을 보일 때가 있나요?

 General Talk

세상은 자신의 힘과 능력으로 살아가야 한다고 가르칩니다. 내 인생의 주인은 '나 자신'이라고 말합니다. 자기 인생을 누가 대신 살아주지 않기 때문입니다. 이러한 가르침과 요구는 딱히 틀린 것이 없어 보입니다.

그런데 성경은 내가 나의 주인이 아니라고 말합니다. 하나님께서 그분의 뜻대로 나를 창조하셨기에 하나님만이 나의 주인이라는 것입니다. 피조물 된 우리는, 창조자이며 주인이신 하나님께 모든 것을 맡기며 살아가야 한다고 가르칩니다.

대부분의 그리스도인들은 하나님께서 나의 주인임을 인정하며 고백합니다. 그러나 이러한 가르침 앞에 부작용을 보이는 사람들이 꽤 많습니다.

먼저는 하나님께 내어 맡긴다고 하면서도 그러지 못하는 사람들입니다. 이들은 말씀을 듣고 신앙생활을 하면서도 세상의 가치관과 신념을 뛰어넘지 못했습니다. 여전히 내 인생의 주인이 '나 자신'이라고 생각하며 살기 때문입니다. 반대로 하나님께 모든 것을 내어 맡긴다는 이유로 자신은 아무것도 하지 않으려 하는 사람들입니다. 어차피 모든 것이 하나님의 주권 속에서 그분의 계획대로 움직이고 진행될 테니 나는 어떤 결정이나 노력을 하지 않아도 된다고 생각하는 것입니다.

Q&A 혹시 당신도 이 두 부류에 속해 있지는 않습니까?

> Bible Talk

잠언의 저자는 우리에게 권면합니다. "너의 행사를 여호와께 맡기라 그리하면 네가 경영하는 것이 이루어지리라(잠 16:3)" 시편 기자 또한 우리의 길을 주인 되신 여호와 하나님께 맡기라고 이야기 합니다. 그렇게 하나님께 맡기고 그를 의지하면 그가 모든 것을 이루신다는 것입니다(시 37:5).

우리는 하나님께 맡기는 믿음을 소유해야 합니다. 내가 아니라 하나님께서 나의 주인임을 인정하고 고백해야 합니다. 그런데 한 가지 기억해야 할 것이 있습니다. 하나님께 나의 모든 것을 맡긴다고 해서 그저 넋 놓고 있어서는 안 됩니다. '맡긴다'는 것은 마음의 결정뿐 아니라, 행동과 실천까지 포함된 것이기 때문입니다.

앞에 항해사는 열심히 기도하며 하나님을 의지하였지만 돛을 준비하지 않았습니다. 그래서 하나님께서 불게하신 바람을 마음껏 누리지 못했습니다. 돛을 준비하고 올리고 펼치는 것, 그것이 내가 해야 할 영역입니다.

이스라엘 군대의 여리고성 전투를 떠올려보십시오. 여호수아와 이스라엘 군대는 여리고성 함락을 하나님께 전적으로 맡겼습니다. 그렇다고 해서 가만히 앉아 성이 무너지길 바라고만 있지 않았습니다. 전쟁 전에 해야만 하는 율법의 규례대로 할례를 행하였고, 나팔을 불고, 성을 돌았습니다. 소리를 쳤습니다. 그렇게 여리고성을 함락하였습니다. 그들은 준비해야 할 돛을 성실히 준비했고, 바람이 불 때 돛을 올리고 펼친 것입니다.

하나님께 내어 맡기는 믿음에는 나 역시 해야 할 것이 분명히 있음을 기억해야 합니다.

Sharing

Q1 당신의 삶에서 하나님께 맡기지 못하고 있는 것이 있나요?

Q2 온전히 내어 맡기기 위해 지금 해야 할 결단과 행동은 무엇인가요?

CHAPTER 2.4

우선순위 정하기

 Think

당신의 삶의 우선 순위는 어디에 있나요?

 Open Talk

엘리자베스 여왕이 나라의 대사직을 맡기기 위해서 한 유능한 무역업자를 불렀습니다. 하지만 무역업자는 생계를 이유로 그 청을 거절했습니다. "폐하, 저를 귀한 자리에 임명해주신 것은 가문의 영광이오나, 평생 일군 사업을 떠나서 그 일을 맡을 수는 없사옵니다." 이 말을 들은 여왕은 다음과 같은 명언을 남겼습니다.

"그대는 걱정 말고 나의 일을 돌보시오. 그대의 일은 내가 돌보리다."

무역업자는 여왕의 말을 믿고 해외로 대사직을 수행하러 떠났고, 여왕은 유능한 경영자를 불러서 무역업자의 회사를 맡기고 국가적으로도 편의를 봐주었습니다. 몇 년이 지나고 무역업자는 대사의 역할을 잘 수행해 국익에 큰 도움을 주고 고국에 돌아왔습니다. 그리고 여왕이 신경을 써 지켜준 자신의 사업장을 확인하고 기쁘게 본업으로 돌아갔습니다.

*김장환, 『큐티365』, 나침반

> **Q&A**   당신은 선택의 과정에서 어떤 기준으로 우선순위를 정하나요?

 General Talk

사람마다 가치관이 다르기 때문에 인생의 우선순위 또한 다릅니다. 돈, 건강, 사랑, 자식 등등이 우선순위가 될 수 있습니다. 그러나 그 우선순위를 따라가다가 더 중요한 것을 놓칠 수 있습니다.

밥을 짓는 데도 순서가 있습니다. 쌀과 냄비, 물과 불이 잘 준비 되었어도 밥 짓는 순서를 바꾸면 제대로 지을 수 없게 됩니다. 물은 붓지 않고 쌀만 냄비에 담아 불을 켠다면 분명 쌀이 새까맣게 타고 말 것입니다. 이것은 재료의 문제가 아니라 밥 짓는 순서가 틀렸기 때문입니다.

우리의 인생도 마찬가지입니다. 삶의 우선순위를 잘 정하는 것이 중요합니다. 먼저 할 것은 먼저 하고 나중 할 것은 나중에 해야 합니다. 순서가 뒤바뀌어 밥이 타는 일이 없어야 하는 것처럼, 우리 인생에서도 우선순위를 올바로 정해 더 중요한 일을 놓치는 일이 없어야 합니다.

> **Q&A**   일을 처리할 때 하나님을 우선으로 삼고 있나요?

Bible Talk

성경은 무엇을 우리 삶의 우선순위로 삼으라 할까요? "그러므로 무엇을 먹을까, 무엇을 마실까, 무엇을 입을까, 하고 걱정하지 말아라 너희는 먼저 그의 나라와 그의 의를 구하라 그리하면 이 모든 것을 더하시리라(마 6:31-32)" 성경은 하나님의 것, 하나님의 나라와 의를 구하면 다른 부분을 더하신다고 말합니다. 하지만 우리는 우선순위를 자신의 욕구에 두고 살아가는 자신을 발견합니다.

그렇다면 구체적으로 하나님의 나라를 구한다는 것은 무엇일까요? 바로 하나님의 다스림을 받는 것입니다. 내 삶 속에 하나님의 다스리심(개입하심)이 있을 때 우리는 비로소 하나님의 계획하심과 뜻하심 가운데 살아갈 수 있습니다.

또 하나님의 의를 구한다는 것은 무슨 의미일까요? 내 유익과 내 기쁨을 구하기 이전에 하나님이 옳게 여기시는 일을 먼저 하는 것입니다. 예를 들면 학생들은 시험기간이 되면 예배를 드릴지 집에서 공부를 할지 고민합니다. 하나님의 의를 구하는 사람들은 하나님이 우선으로 여기기 때문에 예배를 드리고 시험공부를 합니다.

이런 일들은 우리 생활 가운데서 빈번하게 일어납니다. 하나님의 나라와 의를 구하는 삶의 결과는 생명입니다. 그러나 하나님이 아니라 지극히 내 육신의 편안함과 안정을 위해 삶을 이끌어 간다면 그 결과는 사망입니다(롬 8:5-6). 그러므로 지금 내 삶의 우선순위를 하나님은 어떻게 생각하실지 확인해 봐야 합니다. 만약 잘못되었다면 다시 정해야만 합니다.

Sharing

Q1 우선순위를 놓고 고민한 적이 있나요? 나를 위한 고민이었나요? 하나님을 위한 고민이었나요?

Q2 하나님의 나라와 의를 구하기 위해서 구체적으로 실천할 수 있는 것은 무엇인가요?

CHAPTER
2.5

믿음에도 보상이 있나요

? Think

당신이 받았던 상 중에 가장 기억에 남는 상은 무엇인가요?

Open Talk

칭기즈칸이 황제가 되기까지 수많은 어려움이 있었습니다. 그래도 그에 곁에는 그가 황제가 될 것을 믿고 끝까지 생사고락을 같이 한 사람들이 있었습니다. 바로 "타르 탄"입니다. 칭기즈칸은 황제가 되자마자 타르 탄들에게 다음과 같은 특권을 부여하였습니다.

① 당신들은 언제든지 누구의 허락을 받지 않아도 내 집에 들어올 수 있다.
② 당신들은 전쟁이 끝나고 나면 노획물 중에서 가장 좋은 것을 먼저 골라 가질 수가 있다.
③ 당신들은 앞으로 세금이 면제된다.
④ 당신들은 사형에 해당되는 죄를 지어도 9번까지 용서받을 수 있다.
⑤ 당신들은 이 나라 안에서는 가지고 싶은 땅을 얼마든지 가질 수 있다.
⑥ 당신들의 이러한 권리는 앞으로 4대까지 이어줄 수가 있다.

> **Q&A** 칭기즈칸은 위처럼 후한 상을 주었습니다. 그렇다면 그리스도인들에게는 천국에서 어떤 상이 있을까요?

... General Talk

하나님께서는 주님의 일을 하는 자들을 기뻐하시고 상을 주신다고 하셨습니다. 그리고 우리는 천국에는 각 사람에게 맞는 축복들이 준비되어 있다고 익히 들어왔습니다. 어떤 이들은 (성경에 나온 이야기는 아니지만) "이 땅에서 하나님을 위해 많이 헌신한 자는 천국에서 금으로 된 집, 그보다 조금 덜 한 사람은 은으로 된 집, 이보다도 덜 한 사람은 동으로 된 집에서 살게 된다."고 말하기도 합니다.

이러한 이야기들을 듣다보면 우리가 열심히 할수록 생겨나는 축복을 받기 위해 헌신하려는 마음이 생기곤 합니다. 보상심리가 마음에 자리 잡는 것입니다. 그러다보니 하나님을 순수하게 사랑하지 못하고, 무엇을 바라고 일하는 모습이 마치 성과에 따른 포상을 받고자 노력하는 사람처럼 느껴집니다.

> **Q&A** 당신이 들었던 하늘 상급에 관한 이야기들은 어떤 것이 있나요?

| Bible Talk

하나님께서는 구원받은 성도들에게 세상에서 믿음을 지키며, 또 그 믿음대로 행하는 삶을 살아야 한다고 말씀하셨습니다. 그리고 그런 우리의 모습을 보시며 각 사람의 행위에 따라 상을 주신다고 축복하셨습니다(고전 3:8). 그러니까 상급을 받기 위하여 계산적으로 행하는 것이 아니라 하나님이 주신 은혜에 합당한 삶을 살면 그에 따라 하늘 상급을 주신다는 것입니다. 하늘 상급은 전적으로 하나님께서 주시는 상입니다.

그러나 마태복음 6장에는 하나님이 주시는 상이 아닌 스스로 만든 상을 받은 자들이 나옵니다. 그들은 사람들에게 자신의 의를 드러냈으며 칭찬받기 위해 무거운 행위와 수고를 지속했습니다. 그리고 사람들에게 칭찬과 박수, 내면의 뿌듯함 등 스스로 만들어낸 상을 받았습니다. 성경은 그들을 외식하는 자라고 칭합니다. 그들이 받은 상은 한시적입니다. 그들은 상을 받기 위해 끊임없이 수고로운 일을 해야만 했습니다.

하지만 하나님이 주시는 하늘 상급은 한 번 받고 사라지는 것이 아닌 영원한 상입니다. 하늘 상급은 이 땅에서 사람이 줄 수 있는 한시적인 상급과는 다릅니다. 사라지지 않으며 하나님의 자녀 된 상속자로서 모든 것을 누리는 축복입니다.

우리는 "이만큼 헌신했으니, 무언가 축복을 받겠지?"라는 의도가 깔린 기복신앙과 이로 인한 수고와 고민의 굴레를 주의해야 합니다. 오직 하나님을 향한 순수한 믿음과 믿음대로 행하는 삶을 살아가야 합니다.

Sharing

Q1 당신이 이 땅에서 믿음을 지키고 하나님을 사랑하기 위해 했던 노력에는 어떤 것들이 있었나요?

Q2 당신이 하나님께 상을 받는다면, 어떤 모습의 상을 받고 싶나요? 왜 그런가요?

CHAPTER
2.6 신앙생활에 특별한 체험이 꼭 있어야 하나요

 Think

당신은 신앙인으로서 어떤 특별한 체험이 있나요?

 Open Talk

저는 모태신앙으로 교회를 다닌 지 23년째입니다. 주일도 잘 지키고, 헌금과 봉사도 열심히 합니다. 하나님이 날 사랑하시는 것은 익히 들어 잘 알고, 저도 하나님을 사랑합니다. 그런데 저에게는 신앙적인 체험이 없습니다. 예컨대 하나님의 음성이 들리거나, 하나님이 꿈에 나타난다거나 하는 것 말입니다.

주위 사람들은 자꾸 신앙체험의 중요성을 이야기합니다. 이런 이야기를 들을 때마다 체험이 없는 저는 은혜를 못 받은 것 같습니다. 체험이 없으니 하나님과 점점 멀어지고 있는 것은 아닌지 하는 생각까지 듭니다. 다른 사람들이 겪었다던 체험을 통한 은혜라는 것은 무엇인가요? 중요한가요?

Q&A 당신이 직접 체험해보고 싶은 성경의 기적을 골라보고 그 이유를 말해보세요.

... General Talk

인생에서 가장 중요한 것은 눈에 보이지 않는다고 합니다. 우정, 사랑, 이루고자 하는 목표와 같은 것들이 대표적인 예입니다. 이것들은 눈에 보이지 않고 구체적인 형태도 없지만, 삶을 건강하게 유지시켜줍니다.

하지만 백문불여일견(百聞不如一見)이라는 말이 있습니다. 아무리 많이 들어도 실제로 한 번 보는 것이 더 중요하다는 뜻으로, 말보다는 경험이 중요하고, 이론보다 실제가 중요하다는 것입니다. 또 보이지 않는 것은 보이는 것을 따라가지만, 보이는 것은 보이지 않는 것을 따라가지 않습니다. 그래서일까요. 사람은 보이는 것을 더 중요시하고 추구합니다.

신앙인 중에서도 그런 사람들이 종종 있습니다. 눈으로 확인 가능한 것들을 더 귀하게 여기는 사람들 말입니다. 성경 묵상이나 기도는 제쳐두고 뜨거운 신앙체험이 더 중요하다고 이야기하는 이들을 어렵지 않게 만나볼 수 있습니다. 이들은 마치 체험적인 은혜가 좋은 믿음의 증표인 듯 생각하기도 합니다.

Q&A 당신은 신앙적인 체험이 중요하다고 생각하나요? 왜 그렇게 생각하나요?

📖 Bible Talk

　예수님의 제자였던 도마는 예수님의 공생애 동안 수많은 기적과 이적을 직접 경험했습니다. 그럼에도 불구하고 예수님께서 사망권세를 이기시고 죽음에서 부활하셨다는 놀라운 기적의 소식을 들었을 때 믿지 않았습니다. 불신했습니다. 부활하신 예수님은 도마에게 찾아오셔서 "믿음 없는 자"가 되지 말고 "믿음 있는 자"가 되기를 말씀하시고, 더 나아가 "보지 않고도 믿는 자의 믿음"을 칭찬하십니다(요 20:24-29).

　예수님께서는 체험이 없이는 믿음을 갖기 어려운 연약한 인간의 모습을 잘 아셨습니다. 그래서 믿음을 불러일으킬 가시적이고 체험적인 은혜를 주셨습니다. 연약한 우리의 모습을 깨달아 하나님을 더욱 신뢰하게 하기 위함입니다.

　체험적인 은혜는 하나님의 도움의 손길이며 우리에게 필요한 것입니다. 하지만 예수님께서는 더 놀라운 차원의 은혜를 말씀하셨습니다. 보지 않고도 믿는 자의 믿음이 복되다는 것입니다. 체험하지 않아도 하나님을 신뢰하는 사람들의 믿음이 더 복되다고 칭찬하신 것입니다.

　체험적인 은혜는 믿음이 연약한 우리에게 하나님을 향한 믿음을 불러일으키는 큰 도움의 손길임이 분명합니다. 하지만 보지 않고 믿는 자들의 믿음이 복된 믿음(요 20:29)입니다.

Sharing

Q1 오늘날에도 역사하시는 하나님의 놀라운 기적의 이야기를 알고 있나요?

Q2 무엇인가 알고 깨닫는데 특별한 체험이 꼭 필요한가요?

CHAPTER
2.7

성령의 열매

 Think

예수님을
인격적으로 만난 후
당신에게 삶의 변화가
있었나요?

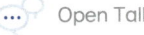 Open Talk

    어릴 때부터 가깝게 지내 온 친구가 있습니다. 그 친구는 고집이 세기로 유명했는데, 어느 날부터인가 다른 사람들의 말에 귀를 기울이는 것이었습니다. 그 변화가 놀랍기도 해서 어떻게 된 일이냐고 물었더니, 교회 수련회에서 은혜를 받은 이후로 조금씩 삶의 태도가 바뀌기 시작했다는 것입니다. 고집과 자기주장이 강했던 친구, 그래서 약간은 이기적이었던 그 친구가 지금은 사려 깊고 부드러운 성품을 가진 사람이 되었습니다. 이 친구에게 도대체 무슨 일이 일어난 걸까요? 정말 이 친구의 말처럼 성령 받고 하나님께 은혜를 받으면 기질과 성품까지도 바뀔 수 있는 건가요?

Q&A 성령 체험을 한 후 변화된 사람을 본 적 있나요?

... General Talk

일반적으로 사람은 잘 변하지 않는다고 합니다. 그 변하지 않는 개인의 독특한 성질과 속성을 '기질'이라고 표현합니다. 성격이 급한 사람, 느린 사람, 열정이 있는 사람, 없는 사람, 모든 일을 먼저 이성적으로 판단하고 해석하는 사람, 감정적으로 반응하는 사람 등 다양한 기질이 있고 이 기질이 오래 자리를 잡으면 그 사람의 성품이 되기도 합니다.

좋은 성품을 지니는 것은 개인 혹은 사회생활을 하는데 있어서 매우 중요합니다. 성품이 좋지 않으면 다른 사람과의 관계에서 어려움 혹은 다툼이 생기기도 합니다. 그래서인지 비슷한 성향과 성품의 사람들은 서로 가깝게 지냅니다.

세상 사람들은 신에 대한 믿음이 있는 그리스도인들의 삶과 성품은 무엇인가 다를 거라고 생각합니다. 일반 사람과는 다른, 차원 높은 성숙을 보일 것이라고 기대합니다. 그러나 그리스도인들에게도 태어날 때부터 가지고 있는 기질과 성품이 있기 때문에, 잘 훈련되지 않으면 성숙하지 못한 모습을 보일 수도 있습니다. 때문에 그리스도인들은 세상의 기대에 못 미치는 자신의 삶과 성품을 보며 괴로워하곤 합니다.

성품과 삶의 변화는 인간적인 노력으로만 되는 건 아닌 것 같습니다. '작심삼일'이라는 말을 들어보셨지요? 결심한 것을 3일도 채 못 지킨다는 뜻입니다. 우리 스스로 결단하고 변화되고 싶은 마음은 많이 있지만, 실질적인 삶에서 그 변화가 말처럼 쉽지는 않습니다.

Q&A 사람의 기질과 성품이 바뀔 수 있다고 생각하나요?

Bible Talk

우리가 예수님을 인격적으로 영접하고 믿으면, 예수님의 성품과 마음이 우리 안에도 생깁니다(빌 2:5). 주님을 진실로 찾고 고백하는 영혼에게 '성령 하나님'의 임재가 이루어지게 되고, 성령님이 우리 속에 들어오셔서 우리의 마음과 삶을 주장하십니다. 이때 우리의 속사람이 조금씩 새롭게 변화되기 시작합니다. 스스로 삶을 변화시키려 아무리 애써도 쉽지 않던 것이, 성령 하나님께서 내 안에 오셔서 나와 함께 하시니 잃어버렸던 하나님의 성품들이 하나 둘 회복되어집니다. 내 안에 모났던 기질과 성품대신 성령이주시는 열매들이 삶에서 맺혀지게 됩니다.

성령의 열매에는 무엇이 있을까요? 갈라디아서 5장 22-23절은 "오직 성령의 열매는 사랑과 희락과 화평과 오래 참음과 자비와 양선과 충성과 온유와 절제니 이 같은 것을 금지할 법이 없느니라"고 말합니다. 예수님을 진실로 믿고 사랑하면, 주님의 인격과 성품을 닮아가게 됩니다. 그리고 어렵고 힘들어도 그 성품을 닮아가도록 애쓰고 노력하게 됩니다.

'믿음이 좋다'는 말은 무슨 말일까요? 기도를 크게 하고, 예배에 빠지지 않고, 헌신과 봉사를 잘하는 것을 말할까요? 성경에서 말하는 '믿음이 좋은 사람' '예수님을 닮은 사람'이 되는 것입니다. 우리는 성령 안에서 머물면서 그리스도를 닮아가는 온전한 사람으로 성숙되어야 합니다(엡 4:13).

Sharing

Q1 당신에게는 어떤 성령의 열매가 나타나고 있나요?

Q2 당신의 성품과 기질 중에서 변화되고 싶은 부분은 무엇인가요?

Chapter 03

삶의 부딪힘에 대한 질문

1 성공
2 나는 실패하지 않았어
3 내가 왜 이런 고난을 당해야 하나요
4 말로 인한 갈등
5 권위에 순종, 어디까지 해야 하나요
6 기독교적 세계관

CHAPTER
3.1

성공

? Think

당신은 어떤 모습으로 성공하고 싶은가요?

 Open Talk

한 청년이 다른 사람을 위해 중보하는 기도 모임에 참여했습니다. 청년은 기도카드 하나하나를 읽으면서 많은 생각을 하게 되었습니다. 기도의 제목 중에는 몸이 아프신 분들이나 개인 신앙에 관한 문제들도 있었지만, 많은 것들이 자녀의 성공, 부귀, 사업의 번창, 건강 등의 내용이었습니다.

청년은 중보기도를 하면서 자신 역시 성공하기를 원하고 부자가 되고싶긴 하지만, '과연 성공이란 무엇일까?' '하나님께서 주시는 축복은 무엇일까?'하는 생각을 하게 되었습니다.

Q&A 사람들은 무엇을 성공이라 말하는 것일까요?

... General Talk

어떤 사람이 유명해졌거나 돈을 많이 벌었을 때 우리는 성공했다고 말합니다. 또 어려운 환경에서 열심히 노력해서 출세한 사람들도 그 반열에 합류합니다. 이들은 많은 사람으로부터 부러움과 선망의 대상이 되기도 합니다.

우리는 성공하면 행복하게 살 것이라고 기대합니다. 돈이나 명예가 행복한 삶을 줄 것이라고 믿습니다. 그래서 누구나 성공하기를 힘쓰고 성공한 사람이 되기를 원합니다. 어떤 사람들은 자신이 원하는 성공을 위해서 수단과 방법을 가리지 않고 결과만을 얻으려 하기도 합니다. 그러면 행복할 것같기 때문입니다. 그러나 그렇지 않은 경우가 많습니다. 돈이 많고 유명한 사람들도 자신의 삶을 비관하며 비참하게 마무리하기도 합니다.

성공하면 행복이 보장될 것이라고 생각하지만, 그것이 우리 삶에 가져다주지 못하는 것들도 많습니다. 그렇다면 우리들이 생각하고 꿈꿔야 할 성공은 무엇일까요?

Q&A 그리스도인들은 어떤 성공을 통해서 어떤 것을 이루려 해야 할까요?

📖 Bible Talk

    그리스도인들이 세상에서 성공을 위해 노력하는 것은 잘못이 아닙니다. 그러나 성공을 목표로 삼는 것은 잘못입니다. 우리는 노력하여 세상에서 부와 권력이나 명예를 가질 수 있습니다. 그러나 그것이 목표는 아닙니다.

    그리스도인에게 성공은 그 자체보다 무엇을 위한 성공인지가 중요합니다. 만약 돈을 많이 버는 것을 성공이라고 생각한다면 왜 돈을 많이 벌려 하는지가 중요합니다. 유명한 사람이 되고 싶다면 무엇을 위해서 유명한 사람이 되려고 하는지가 중요합니다. 성경은 우리가 먹든지 마시든지 무엇을 하든지 하나님의 영광을 위해서 하라고 말씀하셨습니다(고전 10:31). 성공이 진짜 성공이 될 지, 실패가 될 지는 하나님께 영광이 되는가 아닌가에 달려 있습니다.

    우리 삶의 모든 목적이 하나님이 될 때 우리의 삶은 성공적인 삶이 됩니다. 비록 유명하지 않으며 풍요롭게 살지 않았을지라도 그 삶을 통해 하나님을 드러내었다면 그 사람은 성공한 사람입니다. 땅 끝에서 하나님을 섬기는 사람들은 누구에게도 알려지지 않았지만 성공한 사람입니다. 하나님의 영광을 위해서 세상에 소금으로 살아간다면 그 사람은 하나님이 인정하는 성공한 사람이 될 것입니다.

Sharing

Q1 그리스도인에게 성공은 무엇인가요?

Q2 당신은 어떤 모습으로 성공했다는 이야기를 듣고 싶은가요?

CHAPTER
3.2

나는 실패하지 않았어

? Think

당신이 힘들 때 힘이 되었던 말은 무엇인가요?

Open Talk

저는 26살 취준생 청년입니다. 대학 졸업, 학자금 대출, 취업 등으로 고민이 많습니다. 그런데 이렇게 답답한 저의 현실과는 다르게 SNS에는 이미 취업에 성공해 행복하게 사는 친구들의 소식이 넘쳐납니다. 이런 모습을 보며 하루에도 수차례씩 그들과 나를 비교하며 열등감과 좌절감에 빠지곤 합니다.

하나님께서 나의 인생을 인도하심을 믿으며 굳세게 살아보려 해도, 나보다 앞서가는 친구들을 보면 불안하고 내 일처럼 기뻐하며 축하해줄 수가 없습니다. 하나님을 믿으면서도 이런 감정을 느낀다는 건 내가 믿음이 없고 실패했기 때문은 아닐까 싶습니다.

Q&A 어떤 인생이 성공한 인생이고, 어떤 인생이 실패한 인생일까요?

General Talk

　삶을 공유하는 것이 트렌드가 된 지금, 타인의 일상을 들여다보는 것은 참 쉬운 일이 되었습니다. 그러다보니 타인의 삶과 내 삶을 너무도 쉽게 비교할 수 있게 되었습니다. 남들은 누리고 있지만 나는 지금 누리지 못하는 것들에 시선을 빼앗겨 열등감에 사로잡히기도 합니다.

　현시대를 살아가는 청년들에게 열등감은 어쩌면 너무도 친숙한 감정일지 모릅니다. 나와 다르게 성공한 자들의 모습은 알게 모르게 우리를 위축시키고 주눅 들게 합니다. 성공한 자들을 부러워하고 동시에 상반되는 나의 모습을 비교하게 됩니다.

　세상에서는 이러한 열등감을 극복하기 위해서 먼저 본인이 열등감을 느끼고 있다는 것을 인정하고 자기효능감을 키워주어야 한다고 합니다. 나의 부족한 부분을 인정하고, 있는 모습 그대로를 받아들이면 열등감에서 벗어날 수 있다는 것입니다. 그런데 과연 이것만으로 열등감을 이겨낼 수 있을까요? 너무도 부족한 내가 나를 인정해주는 게 얼마나 큰 효과가 있을까요?

Q&A　우리는 왜 자신의 처지를 남들과 비교해보는 것일까요?

Bible Talk

창세기에서 레아는 여동생 라헬이 자신보다 아름답고 야곱의 사랑을 받았기 때문에, 라헬은 언니 레아는 자녀를 낳았는데 자신은 자녀를 낳지 못했기 때문에 서로 비교하며 경쟁했습니다. 이들의 자녀 이름 뜻을 살펴보면 서로가 서로에게 얼마나 많은 열등감과 비교의식을 느꼈는지 알 수 있습니다(창 29:31-30:24).

하나님께서는 레아와 라헬이 서로 비교하며 겪는 마음들을 아시고 각각 알맞은 방법으로 이들을 위로하셨습니다(창 29:31, 30:22). 그리고 레아와 라헬의 자녀들이 이스라엘의 열두 지파가 되는 축복을 주시며 이들의 상처를 영광으로 바꾸셨습니다.

하나님께서는 레아와 라헬만이 아니라 모든 사람을 각각 실수 없이 완벽한 계획 속에 창조하셨습니다. 그리고 우리를 하나님의 형상을 품고 이 땅에 태어난 독특한 고유의 인격체(사 64:8)이며, 걸작품이며(엡 2:10), 자녀라고 말씀하셨습니다(요 1:12). 우리는 전지전능하신 사랑의 하나님 손으로 지어진, 세상의 어떤 것과도 비교할 수 없는 특별한 존재입니다. 하나님께서 레아와 라헬이 겪었던 아픔과 고통을 영광으로 바꾸셨던 것처럼, 우리역시 아름답게 완성해 가실 것입니다. 우리에게는 완전한 하나님의 사랑의 손길이 있습니다. 지금 이 순간에도 우리는 하나님의 인도하심 속에 있습니다.

Sharing

Q1 내 옆 사람의 장점은 무엇인가요?
다른 사람과 비교해서 찾은 장점이 아닌, 그가 가지고 있는 고유한 장점을 말해주세요.

Q2 하나님께서 당신을 어떠한 모습으로 완성시켜 나가실지 상상해 보세요.

CHAPTER
3.3

내가 왜 이런 고난을 당해야 하나요

? Think

당신의 삶에 고난은 왜 있을까요?

💬 Open Talk

1988년 여름, 지금은 작고하신 소설가 박완서 선생은 하나밖에 없던 아들을 잃었습니다. 그는 일기에 이렇게 적었습니다.

"원태야, 원태야. 우리 원태야. 내 아들아. 이 세상에 네가 없다니 그게 정말이냐? 하나님도 너무하십니다. 그 아이는 이 세상에 태어난 지 25년 5개월밖에 안 됐습니다. 병 한 번 치른 적이 없고, 청동기처럼 단단한 다리와 매달리고 싶은 든든한 어깨와 짙은 눈썹과 우뚝한 코와 익살 부리는 입을 가진 준수한 청년입니다. 걔는 또 앞으로 할 일이 많은 젊은 의사였습니다. 그 아이를 데려가시다니요. 하나님 당신도 실수를 하는군요. 그럼 하나님도 아니지요."

* 박완서, 『한 말씀만 하소서』, 세계사

Q&A 당신도 예상치 못한 고난으로 인해 마음이 힘든 적이 있었나요?

General Talk

　뜻하지 않은 고난을 만나게 되면 대부분의 사람들은 좌절하고 절망합니다. 시련과 역경이 크면 클수록 그것에 대한 아픔과 상처가 커져만 갑니다. "왜 나에게 이런 고난이 찾아왔냐고" 억울함을 주변 사람들에게 호소하기도 하고, 큰 고통으로 멘탈붕괴(정신적인 충격이 큼)에 빠지기도 합니다. 왜냐하면 내 생각으로는 그 고난을 도저히 이해할 수 없고 받아들일 수 없기 때문입니다.

　소설가 박완서 선생의 아들은 25살 꽃다운 나이에 세상을 떠났습니다. 얼마나 큰 절망이었을까요? 가장 사랑하는 것을 빼앗겼을 때의 그 고통이 얼마나 컸을까요? 그래서 그는 하나님이 실수했다고, 하나님이 살아계신다면 그렇게 하면 안 된다고 호소하며 자신의 내면 깊은 곳의 아픔을 고스란히 글로 표현했습니다.

　삶에서 고난과 어려움을 당하게 될 때 사람들은 대개 두 가지의 반응을 보입니다. 하나는 그 고난을 무조건 회피하는 것이고, 다른 하나는 고난에 대한 이유와 핑계거리를 찾으며 더 깊은 절망에 빠지는 것입니다. 그러나 고난은 내 삶에서 지우개로 지울 수 있는 것도 아니고, 고난의 이유를 내 입장과 관점에서 찾는다고 해서 해결되는 것도 아닙니다.

Q&A 당신은 고난을 당했을 때 어떤 반응을 보이나요?

Bible Talk

　성경에서는 '고난'을 하나님의 시선과 관점으로 해석하고 바라봅니다. 우리의 생각과 판단으로는 고난이 도저히 이해되지 않을 수 있지만, 하나님의 눈으로 바라보면 그 속에 우리가 다 알 수 없는 신비한 뜻과 계획이 담겨 있습니다.

　하나님은 우리가 당하는 고난을 외면하지 않으시고, 그 어려움을 바라보시고 살피시는 분입니다(시 44:24). 또 그 고난의 현장에서 우리가 새로운 힘을 얻고 살아가기를 원하십니다(시 71:20). 고난은 고난 자체로 끝나는 것이 아니라, 그 이상의 의미가 담겨져 있습니다.

　구약에서 욥은 당대 동방의 의인으로 소개되는데(욥 1:3) 그는 한 순간에 정신적, 관계적, 물질적인 모든 것을 잃습니다. 그 많던 재산을 다 잃고, 자녀들이 죽고, 아내와의 관계가 뒤틀어지며, 심지어 몸에는 피부병까지 생깁니다. 이것을 보며 우리는 이러한 질문을 하게 됩니다. "왜 선한 사람이 고통을 받는가? 하나님이 정말 살아계신다면, 선인과 의인은 돌보고 악인을 심판해야 하는 것 아닌가? 그런데 왜 의롭고 선하게 살아도 고통과 고난을 피할 수 없는 것인가?"

　그러나 고난은 우리의 옳고 그른 행위에 대한 결과로 주어지는 것이 아닙니다. 사실 많은 경우 모든 사람에게 자연스럽게 발생하는 현상입니다. 즉, 하나님을 잘 믿는 사람이나 믿지 않는 사람이나 인생을 살다보면 모두가 고난을 당합니다. 중요한 것은 그때 그 고난에 어떻게 반응할 것인가 하는 우리의 태도입니다.

　욥은 큰 고난을 당했음에도 불구하고 하나님을 신뢰하며 하나님의 뜻을 간구하는 믿음의 반응을 보였고, 욥에게 고난은 성숙할 수 있는 좋은 기회가 되었습니다. 욥은 "그러나 내가 가는 길을 그가 아시나니 그가 나를 단련하신 후에는 내가 순금같이 되어 나오리라(욥 23:10)"는 멋진 믿음의 고백으로 나아갈 수 있었습니다.

Sharing

Q1 당신이 경험한 고난을 하나님의 관점으로 바라보면 어떤 의미가 있나요?

Q2 고난당할 때 어떻게 그 현실과 상황을 이겨나갈 수 있을까요?

CHAPTER
3.4 말로 인한 갈등

 Think

 Open Talk

다른 사람들의 말 때문에 마음이 상한 적이 있나요?

　청년 예배는 참여하지만, 예배 후에 모이는 소그룹에는 참여하지 않는 한 청년이 있습니다. 소그룹에서 나누었던 이야기들이 다른 사람들의 입방아에 오르는 것을 보고 마음이 상했기 때문입니다. 비밀은 아니었지만 믿고 한 이야기들이 밖으로 나간다는 것을 알고 나니 신뢰관계가 깨져 버렸습니다. 입에서 입으로 전해진 자신의 이야기는 과장되고 사실과 다른 것들도 많았습니다. 더 이상 소그룹에서 자신의 이야기를 나누는 것은 부담이 되고 어려웠습니다. 그리고 남에 대해서 너무 쉽게 말해버리는 사람들에게 크게 실망했습니다.

Q&A 이기적인 말 때문에 하나님의 영광을 가린 일이 있나요?

 General Talk

사람들이 서로 친해지는 여러 가지 방법이 있습니다. 그 중 하나는 서로만의 비밀을 만들고 이야기 하는 것입니다. 이야기를 많이 하다보면 의도하지 않았지만 다른 사람을 비방하기 쉬워집니다. 다른 사람의 약점이나 단점을 말하는 것은 이야기 주제로서 재미있을 뿐만 아니라 이야기 후에 더 친해진 듯 한 느낌을 받기 때문입니다.

그러나 이렇게 말하는 습관은 공동체나 사람들의 관계를 깨트릴 수도 있습니다. 더군다나 자신의 마음을 열고 이야기를 나누는 교회 공동체에서는 더욱 그렇습니다. 어떤 사람은 쉽게 자신의 이야기를 풀어 놓지만 어떤 사람은 힘겹게 자신의 이야기를 합니다. 말하기까지 아주 어렵게 결정한 것일 수 있습니다. 그런데 그 이야기를 다른 사람들이 쉽게 한다면 얼마나 마음이 상할까요?

Q&A 공동체에서 말을 잘하는 것은 왜 중요할까요?

Bible Talk

　성경에서 말은 가벼운 주제가 아닙니다(잠 15:4). 잘못된 말은 다른 사람의 마음을 상하게 할 뿐만 아니라 상한 마음은 교회와 하나님을 향한 믿음에도 영향을 줍니다. 우리가 생각 없이 한 말과 행동이 다른 사람을 실족하게 하거나 믿음을 떨어뜨리게 한다면 우리는 그 말을 가볍게 여겨서는 안 될 것입니다. 그래서 우리는 말을 잘해야 합니다.

　말을 잘하는 것이 무엇인가요? 화려한 언변보다 우리가 해야 할 것은 다른 사람의 비밀을 지켜주는 것입니다. 다른 사람의 이야기보다는 내 이야기를 하는 것입니다. 내 이야기를 하되 자랑이나 거짓이 아닌 지혜로운 말을 해야합니다. 거짓말이나 과장된 말들은 하나님의 지혜가 아닌 거짓 지혜를 담게 되는 일이 될 수도 있습니다.

　성경이 거짓말을 금하고 있다는 것을 기억하십시오(시 34:13). 우리는 정직하게 말하는 것을 훈련해야 합니다. 하나님께 거짓은 없습니다. 거짓은 마귀에게 속한 것입니다(요 8:44). 우리가 정직하게 말하기 시작할 때 하나님의 은혜가 임하게 될 것이고 갈등이 해결될 것입니다.

　또 비방하는 말을 삼가야 합니다. 성경은 비방을 버리라고 말합니다(엡 4:31). 남을 비방하는 말들은 공동체를 깨트릴 뿐만 아니라, 하나님의 사람들이 하나님으로부터 멀어지게 합니다. 대신 남을 유익하게 하는 사랑의 말을 해야 합니다. 우리는 말할 때에도 자신의 유익을 구하지 말고 남의 유익을 구해야 합니다(고전 10:24).

Sharing

Q1 성경적으로 "말"을 잘한다는 것은 어떤 것일까요?

Q2 언어 습관을 훈련하는 방법에는 무엇이 있을까요?

CHAPTER
3.5 권위에 순종, 어디까지 해야 하나요

? Think

모든 권위에 무조건적인 순종이 올바른 신앙인의 자세일까요?

💬 Open Talk

한창 사회적으로 "ME TOO"운동이 이슈였습니다. 유명 연예인이나 정치인들을 포함하여 각계각층에서 성희롱, 성추행, 성폭행의 폭로가 잇따랐습니다. 거의 대부분의 경우 위계 또는 위력에 의해 상황이 발생했습니다. 직원이 간부에 의해, 학생이 교수에 의해, 고용인이 고용주에 의해 피해를 당한 것입니다. 비단 성범죄뿐 아니라 다른 문제들도 위계와 위력에 의해 발생하는 일들이 많습니다.

얼마 전 교회의 한 청년이 이런 문제로 상담을 요청해 왔습니다. 청년은 회사에서 회계 업무를 담당하고 있었습니다. 어느 날 고위 간부가 지시한 업무를 진행하다 보니 정직한 회계처리가 아닌 것을 알게 되었습니다. 지시를 따르지 않으면 불이익을 당할 것 같았습니다. 어떻게 해야 할지 도무지 모르겠다며 답답한 마음을 토로하였습니다.

Q&A 당신이 위 사례의 청년이라면 어떻게 하시겠습니까?

 General Talk

우리나라는 유교적인 문화가 매우 강합니다. 그래서 위계질서를 매우 중요하게 생각하고, 어른과 권위자에게 순종할 것을 요구합니다. 군대의 경우 '상명하복'을 법으로 지킵니다. 전쟁과 같은 상황발생 시 일사불란한 통솔과 빠른 대처를 위한 것입니다. 비행기의 기장이나 배의 선장은 승객들보다 더 많은 항공, 항해의 경험과 정보를 가지고 있습니다. 문제 발생 시 그에 대한 대처 매뉴얼과 방법을 누구보다 잘 알고 있습니다. 그래서 그들이 권위*를 갖는 것입니다.

자녀보다 부모가 권위를 갖고, 학생보다 교사가 권위를 갖습니다. 그래서 자녀는 부모에게 순종해야 하고, 학교에서는 학생들이 교사에게 순종해야 합니다. 권위자에게 순종하는 것, 일반적인 경우에 그것은 질서를 지키고, 공익을 위한 올바른 방법일 것입니다.

*권위: 남을 지휘하거나 통솔하여 따르게 하는 힘. 일정분야에서 사회적으로 인정을 받고 영향력을 끼칠 수 있는 위신

Q&A 권위에 순종하지 않을 경우 어떤 문제들이 나타날까요?

📖 Bible Talk

　순종은 사회에서 요구되어지는 덕목일 뿐만 아니라 그리스도인이 갖추어야 할 아주 중요한 믿음의 덕목이기도 합니다. 하나님의 뜻을 따라 죽기까지 순종하신 예수그리스도를 보며, 우리는 믿음의 순종을 결단해야 합니다.
　그러나 어려운 것은 세상 권세에 대한 순종입니다. 이 부분에 대하여 로마서를 쓴 사도바울은 우리에게 이와 같이 권면합니다. "각 사람은 위에 있는 권세들에게 복종하라 권세는 하나님으로부터 나지 않음이 없나니 모든 권세는 다 하나님께서 정하신 바라(롬 13:1)" 사도 베드로도 동일한 권면을 합니다. "인간의 모든 제도를 주를 위하여 순종하되 혹은 위에 있는 왕이나 혹은 그가 악행 하는 자를 징벌하고 선행하는 자를 포상하기 위하여 보낸 총독에게 하라(벧전 2:13-14)"
　성경은 모든 권세에 순종해야 하며, 그것이 하나님의 명령이라고 말합니다. 그렇기에 우리는 세상 어떤 자리에서든지 권세를 가진 자들에게 기본적으로 순종해야 할 태도를 갖추어야 합니다. 내 마음, 뜻과 다르다 하여 거스르는 것은 옳지 않습니다. 그러나 하나님의 뜻을 지키기 위해 부득불 권위자들에게 불순종해야 할 경우가 있습니다.
　사도행전에서 대제사장과 공회는 베드로와 사도들에게 "예수 이름을 가르치지 말라"고 명령합니다. 이것은 권위자들의 명령이었습니다. 그러나 베드로와 사도들은 "사람보다 하나님께 순종하는 것이 마땅하다(행 5:29)"고 대답하며 명령에 대하여 불순종 하였습니다.
　만일 국가든, 목사든, 교사든, 어떤 집단의 권위자들이든지 그들이 하나님이 금하신 것을 명한다든가, 하나님이 명하신 것을 금한다면 우리는 그리스도께 "예"라고 하기 위해 그들에게 "아니오"라고 말해야 합니다.

1980년 5.18 민주화 운동이 일어났습니다. 당시 군인들과 경찰들은 신군부의 결정과 명령에 순종해야만 하는 상황이었습니다. 그런데 전남도 경찰국장이었던 故안병하 경무관은 신군부의 발포명령에 "시민들을 향해 총을 쏠 수 없다"고 말하며 명령을 거부했습니다. 상명하복을 거절한 분명한 위법행위입니다. 그 결과 그는 직위해제를 당하고 보안사령부에서 고문을 당했습니다. 그리고 고문의 후유증으로 1988년 사망하게 되었습니다. 한참의 시간이 흐른 2017년, 경찰청은 그를 "올해의 경찰영웅"으로 선정했고, 정부는 그를 치안감으로 추서했습니다. 그의 불순종은 올바른 결정이었다는 평가인 것입니다.

이성과 상식에 반하거나 양심에 저촉될 때, 그리고 무엇보다도 하나님의 공의와 사랑에 위반되는 경우, 우리는 권위자들에게 불순종할 수 있어야만 합니다. 이러한 권위자들에 대한 불순종은 곧 하나님을 향한 믿음의 순종입니다.

Sharing

Q1 어떤 권위가 불의하고, 불의하지 않은 지 어떻게 알 수 있을까요?

Q2 하나님께서 원하시는 뜻을 지키기 위해 권위자들에게 불순종한 경험이 있나요?

CHAPTER
3.6

기독교적 세계관

? Think

기독교적 세계관이란 무엇일까요?

 Open Talk

얼마 전 소그룹 중에 다른 청년과 갈등이 있었습니다. 일본에 대한 관점의 차이였습니다. 나는 일본은 우리나라의 최대 적대국이라고 생각합니다. 일본은 우리나라를 침략해서 식민지로 삼았을 뿐만 아니라 우리나라 국민들에게 해서는 안 되는 잘못도 많이 행했습니다. 게다가 과거의 일을 사과할 줄도 모르는 비열한 나라라고 생각합니다. 그래서 일본사람들은 참으로 나쁘다고 말했습니다.

그런데 한 청년이 전혀 다른 이야기를 꺼냈습니다. 일본은 참으로 배울 것이 많은 나라라는 것입니다. 일본은 검소할 뿐만 아니라 기초질서를 잘 지키며 모범이 되는 나라라고 했습니다. 괜히 선진국이 아니라고 했습니다. 무조건 일본을 나쁘게 보는 것은 잘못된 생각이라고 말했습니다. 나는 그 청년이 이해되지 않았습니다. 물론 일본에도 좋은 점이 많이 있지만 그보다는 잘못한 것이 더 많다고 생각하기 때문입니다. 어떻게 일본을 좋게 볼 수 있는지 이해가 되지 않았습니다.

> **Q&A** 두 청년이 하나의 나라에 대해 상반된 의견을 낸 이유가 무엇일까요?

General Talk

세계관은 우리가 살아온 배경과 학습된 교육이 쌓여서 나타납니다. 저마다 옳다고 여기는 생각을 부모와 사회와 학교를 통해서 배웁니다. 지금의 우리가 지닌 세계관은 한순간에 형성된 것이 아닙니다.

서구 문화권에서는 날씬한 사람을 미인이라 생각합니다. 그래서 날씬해지기 위한 노력을 합니다. 그러나 남태평양으로 가면 미인의 기준은 전혀 달라집니다. 그들은 오히려 몸을 키우기 위한 노력을 합니다.

전 세계에는 상대적인 문화들과 가치들이 많이 존재합니다. 이쪽에서는 옳게 여겨지는 것들이 다른 곳에서는 나쁜 것으로 정의되기도 합니다. 나라와 대륙의 차이만이 아닙니다. 가정마다 생각의 차이가 있습니다. 그래서 각자 옳은 대로 행동하면 여러 가지 갈등이 생기고 어려움을 겪을 수 있습니다.

> **Q&A** 당신의 세계관을 형성하는 데 가장 큰 영향을 끼친 것은 무엇인가요?

📖 Bible Talk

　예수님은 이 땅에 하나님의 나라를 세우려고 오셨습니다. 그리고 제자들을 훈련하셨습니다. 그들을 통해서 하나님의 나라가 세워지고 확장되기를 소망하신 것입니다.

　오늘날 우리들은 제자들의 역할을 감당해야 합니다. 하나님의 나라를 세상에 확장하는 일은 우리를 통해서 이루어집니다. 때문에 우리는 세상에 영향을 받는 것이 아니라 세상에 영향을 주어야 합니다.

　성경은 세상을 본받지 말고 하나님의 선하시고 기뻐하시는 뜻이 무엇인지 분별하라고 했습니다(롬 12:2). 예수님은 우리를 세상의 소금이라고 하셨습니다(마 5:13). 세상에 선한 영향을 주는 사람이 되어야 한다는 것입니다.

　어떤 그리스도인들은 믿지 않는 사람들을 마귀라고 생각합니다. 그들을 하나님의 사랑이 필요한 사람으로 보는 것이 아니라 지옥 가기에 마땅한 사람들로 생각합니다. 그것은 전혀 성경적인 세계관이 아닙니다. 우리의 세계관은 성경의 기준을 따라서 형성되어야 합니다. 그러기 위해서는 세상을 바로 보는 눈이 우리에게 필요합니다. 그 눈은 우리의 문화를 통해서 갖는 것이 아니라 성경을 통해 가져야 합니다.

Sharing

Q1 우리가 접하는 문화와 정보의 세계관은 성경의 세계관과 어떤 차이가 있나요?

Q2 성경적 세계관을 갖기 위한 당신의 노력은 무엇인가요?

Chapter 04

예배생활에 대한 질문

1. 주일을 꼭 본교회에서 지켜야 하나요
2. 성만찬, 왜 하나요
3. 십일조 헌금이 부담돼요
4. 응답 받는 기도가 따로 있나요
5. 기도란 무엇인가요
6. 하나님께서 말씀하신 복

CHAPTER
4.1

주일을 꼭 본교회에서 지켜야 하나요

? Think

주일 예배를 꼭 본교회에서 드려야 할까요?

💬 Open Talk

명절이 되어 시골 할아버지 댁에 방문하게 되었습니다. 연휴 중 주일이 끼어 있어 본교회에서 예배를 드려야 하는 것이 아닌지 고민이 되었지만, 할아버지가 다니시는 교회에서 예배를 드리기로 했습니다.

할아버지와 함께 드린 예배는 매우 어색했습니다. 청년들과 부르던 요즘의 찬양도 없었고 목사님의 설교도 집중하기 어려웠습니다. 물론 예배는 하나님께 마음을 드리는 것이 중요하기 때문에 형식은 중요하지 않다고 생각했습니다. 또 어디서 예배를 드리든 장소는 문제가 되지 않는다고 생각했습니다. 그런데 예상 외로 새로운 곳에서의 예배는 익숙하지 않았고 마음을 다해 집중할 수 없었습니다. 구경꾼이 된 것만 같았습니다. 주일은 지켰지만 왠지 어색한 주일이었습니다.

Q&A 평소에 드리던 곳이 아닌 다른 곳에서 예배를 드려본 적이 있나요?

 General Talk

하나님을 믿는다는 것을 표현하는 첫 번째 방법은 예배일 것입니다. 믿음 생활에서 가장 강조되는 것도 예배입니다. 그래서 교회에서는 꼭 주일 예배는 본교회에서 드려야 한다고 말합니다. 하지만 주일 예배를 본교회에서 그것도 약속된 시간에 드리는 것이 상황적으로 어려운 사람들이 많습니다. 질병, 해외 유학이나 직장 출근, 군 입대, 시험 등의 까닭입니다. 주말이 아니면 휴식과 여유를 즐길 시간이 부족하다는 이유로 주일 예배를 빠지거나, 섬기던 교회가 아닌 편리를 따라 가까운 교회에서 예배를 드리기도 합니다.

평상시 예배를 표현할 때 어떤 사람들은 '예배를 드린다'라고 하고 어떤 사람들은 '예배를 본다'고 표현합니다. 별 생각 없이 익숙한 단어를 사용하는 것이겠지요. 하지만 두 단어의 의미에는 큰 차이가 있어 보입니다. '예배를 드린다'는 예배에 능동적이고 적극적으로 참여하여 하나님을 예배한다는 의미가 담겨있고, '예배를 본다'에는 가능한 수동적으로 최소한으로 예배에 참여한다는 의미가 담겨 있습니다. 이런 의미를 가지고 현대인들의 예배 모습을 바라보면, 예배를 드리는 사람이 많을까요? 예배를 보는 사람이 많을까요?

Q&A 예배에 빠져야 되는 상황이지만 빠지지 않으려고 노력한 경험이 있나요?

Bible Talk

예배는 하나님을 향한 사랑의 표현입니다. 예수 그리스도의 구원의 은혜와 사랑에 내한 감사의 반응입니다. 성령의 인도하심과 보호하심으로 매일을 살아가는 것에 대한 기쁨과 축하의 표현이 예배입니다. 우리는 날마다 순간마다 예배를 드릴 수 있지만 특별히 구별하여 함께 드리는 것이 주일 예배입니다.

구약시대에는 하나님이 창조주이시며 나의 주인이시라는 것이 전혀 의심스럽지 않았습니다. 안식일을 기억하여 거룩하게 지키라는 말씀을 지키는 것은 너무나도 당연한 일이었습니다. 그러다 하나님과 거리가 생기면서 예배를 소홀히 여기게 되었고, 인간은 세상과 죄를 점점 더 가까이 하게 되었습니다. 결국 하나님은 독생자 예수 그리스도를 이 땅에 보내주셔서 우리의 모든 죄를 사하여 주셨습니다. 이를 믿는 모든 사람들이 죄를 용서받고 구원을 얻을 수 있게 하셨습니다. 이후부터 지금까지 이를 기념하고 감사하기 위하여 지금의 주일을 작은 부활절로 여기며 축하와 감사의 예배를 드리고 있는 것입니다.

주일 예배 신앙은 매우 중요합니다. 그것은 신앙인 모두가 그리스도 안에서 한 자매형제인 것을 말해주며, 하나 된 우리가 하나님이 베풀어주신 잔치 자리에 참여하여 하나님께 감사와 사랑을 표현하는 능동적인 행위이기 때문입니다.

종종 부모님 생신을 축하하기 위해 특별히 시간과 장소를 구별해 가족 모두가 모입니다. 파티 당일 자녀들 중 아쉽지만 개인적인 사정과 이유로 참석하지 못하거나 안하는 경우도 발생합니다. 그래서 전화로, 때로는 영상으로 축하 인사를 전하기도 합니다. 그때 부모님이 파티에 참석하지 못한 사랑하는 자녀를 향하여 화를 내시거나 꾸중하시나요? 이제부터 자녀가 아니라고 하시나요? 그럼에도 불구하고 사랑하시고 따뜻하게 전화 받으시며 괜찮다고 하시죠. 하지만 함께 참석한 것 같이 기쁘실까요?

Sharing

Q1 당신이 하나님을 예배하는 이유는 무엇입니까?

Q2 예배하는 사람은 어떠한 자세를 가지고 하나님을 예배해야 합니까?

CHAPTER
4.2

성만찬을 왜 하나요

? Think

당신의 교회에서는 언제 성만찬을 하나요?

Open Talk

1966년 북베트남 상공에서의 공중전이 실패로 돌아간 후 포로로 잡혀간 미군들의 이야기입니다. 그들은 모스 부호를 이용해 서로의 이름과 군번을 알아냈으며, 성경 말씀을 상기시켜 주고 가르쳤습니다. 1971년 봄, 수용소 당국은 포로 세 명에게 성경을 일주일에 한 시간씩 필사할 수 있도록 허락해 주었습니다. 포로 중 하나인 레이는 그 시간 동안 산상수훈을 넘어 훨씬 더 많은 구절을 베껴 쓸 수 있었습니다. 레이가 그 소중한 성경 구절을 감옥에 가지고 올 때마다 동료들은 벽돌 가루로 만든 잉크와 깃대 펜으로 배급받은 휴지 위에 성경 말씀을 옮겨 적었습니다.

부활 주일, 포로였던 탐 커티스 대위는 예배를 소집했습니다. 누군가 그에게 전날 배급에서 떼어놓은 빵 몇 조각을 건넸고 소중하게 남겨둔 미역국 잔이 돌려졌습니다. 커티스가 잔에 대한 말씀을 암송했습니다. "이것은 너희를 위해 흘리는 내 피니라." 포로들은 자신들의 찢어진 고막, 빠진 손톱에서 흐르는 피, 임시방편으로 둘러싼 붕대에서 배어 나오는 피를 보았습니다. 그리고 이제 자신들을 위해 흘리신 그리스도의 피에 대해 생각했습니다. 누군가 조용히 "나 같은 죄인 살리신"을 불렀고, 커티스가 잔을 입에 대는 순간 울음이 터졌습니다….

*찰스 콜슨, 『러빙 갓』, 홍성사

Q&A 예화 속의 포로들은 잔을 입에 대는 순간 왜 울음을 터뜨렸을까요?

 General Talk

교회의 중요한 예식을 이야기하라면 세례와 성만찬이 빠지지 않습니다. 이 두 가지는 교회마다 횟수나 방법은 조금 다를지라도 매우 중요하게 다루고 있습니다. 특별히 성만찬은 예수 그리스도를 주로 시인하면 누구든지 함께 참여할 수 있으며, 예배 시간에 모두가 함께 드린다는 특징을 지닙니다. 그렇기에 어린이부터 노년에 이르기까지, 혹은 이제 막 신앙생활을 시작한 사람부터 오랜 신앙생활을 한 사람에 이르기까지 함께 참여합니다.

그러나 성만찬에 대한 오해가 우리를 혼란스럽게 하기도 합니다. 성만찬을 단순한 종교의식으로 보거나, 성만찬에 참여하기 위해서는 죄 없이 깨끗한 상태에서 해야만 한다고 생각하거나, 떡과 포도주가 지니는 성만찬의 의미를 모르는 경우 등이 있습니다. 또 어린아이는 참여할 수 없다는 견해도 있습니다. 마치 개개인이 성만찬을 어떻게 생각하느냐가 성만찬이 주는 의미를 결정하는 것만 같습니다.

> **Q&A** 성만찬 중 기억에 남는 순간을 생각해보고, 왜 기억에 남는지 이야기해 보세요.

Bible Talk

성만찬은 제자들이 정한 것이 아니라 예수님께서 잡히시기 전 최후의 식사 때에 유언강론으로 제정하신 것입니다. 그 날은 유월절 마지막 날이었는데, 유월절은 구약시대에 이스라엘 백성이 어린 양의 피로 구원받았던 은혜를 기억하며 지내는 절기입니다. 예수님께서는 제자들과의 마지막 식사에서 떡과 잔을 나누시며 자신이 어린 양과 같은 제물이 될 것을 예표하셨습니다. 그렇다면 예수님께서 유언으로 남기시면서까지 주시고자 하셨던 성만찬의 은혜는 무엇일까요?

첫째로 예수님께서는 먼저 떡을 떼어 주며 이것은 자신의 몸이니 제자들에게 나누어 먹으라 하셨습니다. 이 떡은 생명을 의미합니다(요 6:35). 예수님께서는 자신의 떼어진 몸을 생명의 떡으로 우리에게 나누어 주셨고, 우리는 그로 인해 생명의 분깃을 얻었습니다. 우리는 만찬을 통해 떡을 보고 만지고 뗄 때마다 예수 그리스도께서 우리를 위하여 몸을 드렸음을 생각하며 참여해야 합니다.

둘째로 예수님께서는 잔에 포도주를 주시며 죄 사함을 얻게 하려 흘리는 나의 언약의 피라 말씀하셨습니다. 예수님은 우리를 위해 피를 흘리시고 우리 죄를 깨끗이 속량하셨으며, 우리를 위해 언약을 세우시고, 그것을 우리에게 축복의 잔으로 바꾸어 주셨습니다. 그러므로 우리는 잔을 나눌 때마다 십자가에서 피를 흘리심으로 우리를 깨끗하게 만드셨음을 생각하며 참여해야 합니다.

셋째로 이를 행할 때마다 기념하라 하셨습니다. 우리에게 생명을 주시기 위해 자기 몸을 버리셨으며, 죄를 벗어나 생명을 누리도록 피를 흘리셨음을 기억해야 합니다. 이를 기억할 때마다 우리는 기쁨과 감사, 그리고 그 사랑을 확신하며 살아가게 될 것입니다.

Sharing

Q1 성만찬 집행 시 가장 은혜롭게 느껴지는 순간은 언제인가요?

Q2 다음 모임에 역할을 나누어 여러분의 모임 속에 은혜로울 수 있는 성만찬을 준비해보고 함께 나누어보세요.

CHAPTER
4.3

십일조 헌금이 부담돼요

? Think

당신은 헌금에 대해
어떻게
생각하시나요?

Open Talk

한 청년이 목사님을 찾아왔습니다. 이유인즉슨 예배 때마다 헌금 시간이 있는데 그 헌금이 어떻게 쓰이는지 궁금하다는 것입니다.

"목사님 어떤 교회는 매 예배 시간마다 헌금을 합니다. 또 많은 종류의 헌금 봉투가 있는데 성경에도 그렇게 각종 형식으로 하나님께 드리라고 적혀 있나요?"

목사님은 이 청년에겐 헌금에 대한 부정적인 인식이 자리 잡고 있다는 사실을 눈치 챘습니다. 청년은 계속해서 질문했습니다.

"헌금을 하면 그 헌금은 어떻게 사용되는 것인가요?"

청년은 헌금 사용에 대한 불투명성과 헌금을 목사님이 개인적으로 사용하시는 것이 아닌가하는 오해를 하고 있었습니다.

Q&A 헌금을 꼭 교회에 해야 하나요?

... General Talk

교회가 헌금을 어떻게 사용하는가는 오늘의 한국교회에서 매우 민감한 문제입니다. 교회 재정의 원칙과 사용 내역들은 많은 경우 공개되지 않고 있습니다.

교회 헌금을 엉뚱하게 사용한 여러 사례는 대개 내부자 고발로 알려졌습니다. 담임 목회자가 헌금의 일부를 교단장 선거를 위해서, 교회 일과 무관한 사업을 위해서, 도덕적으로 비난 받을 일을 무마하거나 소송 변호사를 고용하기 위해서 사용했다든지, 헌금의 일부를 착복하려고 재정 장부 작성을 비공개로 했다든지, 심지어 교인들이 헌금으로 마련한 교회 건물을 자기 명의로 등기하여 뒤로 빼돌렸다든지 하는 사례들이 그런 것입니다.

이런 사실을 알고 있는 성도들은 헌금을 내는 것에 대해 많은 고민을 합니다. 그러나 분명한 것은 하나님께 드려진 헌금은 담임목사 마음대로 사용하지 못한다는 것입니다. 건강한 교회라면 교회가 정한 기준에 의해서 헌금이 사용됩니다.

교회에는 다양한 종류의 헌금 봉투들이 비치되어 있습니다. 많은 성도들이 이 부분에 대해서 부담을 가지고 있는 것이 현실입니다. 신앙생활을 열심히 하시는 분들도 마찬가지입니다. 특히 헌금 중에서도 십일조를 내는 부분은 일반 헌금보다 액수가 큰 부분을 차지하기 때문에 더 큰 부담으로 다가옵니다.

Q&A 당신은 십일조 헌금에 대해 어떻게 생각하나요?

📖 Bible Talk

　교회는 성도들이 하나님께 기쁜 마음으로 헌금할 수 있도록 헌금의 용도에 관한 목회 윤리적 판단의 기준을 마련해야 합니다. 이 기준을 마련할 때 참고할 만한 것은 성서가 말하는 십일조입니다.

　구약에서 십일조는 본래 약자의 편에 서시는 하나님의 뜻에 따라 십시일반의 정신을 실현하기 위한 방편이었습니다. 하나님의 백성은 소득의 십분의 일을 하나님에게 바쳤고, 그것은 과부와 고아, 떠도는 이들을 위한 사회기금이 되었으며(신 26:12-15), 생산수단을 분배받지 못한 레위인을 위한 종교기금으로 사용되었습니다(민 18:21-23).

　이러한 십일조가 신약시대에도 유효할까요? 구약의 십일조 정신은 초대교회로 전승되었습니다. 초대교회는 헌금을 모아서 가난한 사람들을 돌보는 일에 열성적이었고, 특별히 집사 제도를 두어서 헌금을 관리하고 약자를 위한 봉사를 하도록 했습니다. 성경에 보면 예수님도 온전한 십일조를 하라고 권면하셨습니다(마 23:23).

　또한 십일조를 포함한 헌금은 하나님으로부터 이미 받은 것에 대한 감사의 표현입니다. 십일조나 헌금은 순수한 동기와 하나님을 예배하는 마음가짐으로 드려야 하며, 그리스도의 몸을 위한 헌신이어야 합니다. "각각 그 마음에 정한 대로 할 것이요 인색함으로나 억지로 하지 말지니 하나님은 즐겨 내는 자를 사랑하시느니라(고후 9:7)" 우리가 온전한 마음으로 하나님께 십일조를 드릴 때 하나님이 원하시는 삶을 살 수 있습니다.

　하나님께 이미 많은 은혜를 받았음에 감사하며 살아가야 합니다. 뿐만 아니라 십의 구(9)조도 하나님이 원하시는 삶의 기준 안에서 사용해야 합니다. 하나님은 우리를 하나님의 청지기로 부르셨습니다. 십의 구(9)조는 내 것이니까 마음대로 사용해도 된다고 생각하면 안 됩니다. 성경의 기준과 양심의 기준 안에서 올바로 사용해야 할 것입니다.

Sharing

Q1 당신은 드리는 헌금의 종류에는 어떤 것들이 있나요?

Q2 당신이 하나님께 감사하는 마음을 표현하는 또 다른 방법은 무엇입니까?

CHAPTER
4.4

응답 받는 기도가 따로 있나요

? Think

기도의 응답은 무엇이라고 생각하나요?

... Open Talk

어려서부터 단짝인 교회 친구가 있습니다. 친구와 나는 올해 고3이 되었습니다. 교회에서는 토요일마다 대학 진학을 위한 고3 기도회가 열렸는데 우리는 빠지지 않고 참석해 원하는 대학에 진학할 수 있게 해달라고 기도했습니다. 교회 선생님들은 "너희들은 공부도 열심히 하고 하나님께 기도도 열심히 하니 반드시 원하는 대학에 갈 수 있을 것이야"라고 격려해 주셨습니다.

그런데 문제는 대학 발표가 난 다음에 일어났습니다. 친구는 원하는 대학에 합격했지만 나는 원하는 대학에 떨어진 것입니다. 내가 친구보다 하나님께 잘못한 것도 없는데 왜 나만 이런 결과를 얻었는지 하나님이 원망스러웠습니다. 그리고 하나님은 왜 친구의 기도는 들어주시고 내 기도는 들어주시지 않는지 이해가 되지 않았습니다.

Q&A 당신도 이와 같은 상황을 겪은 적이 있나요?

... General Talk

기도하는 사람이라면 기도의 제목이 있을 것입니다. 개인적 소원이나 하나님으로부터 얻기 원하는 내용들 말입니다. 일반적으로 하나님께서 기도를 응답하셨다고 한다면 우리가 원하는 기도의 제목이 이루어졌을 때를 말합니다. 반대로 원하고 바라던 내용이 이루어지지 않으면 기도 응답이 이루어지지 않았다고 말합니다. 앞에서 살펴본 이야기를 예로 든다면 친구는 기도의 응답을 받았고, 나는 응답을 받지 못한 것입니다.

기도의 응답을 이렇게 정의할 때 우리는 당혹스러운 문제에 봉착합니다. 기도가 응답받은 사람은 믿음이 좋은 사람으로 보입니다. 반대로 응답받지 않은 사람은 죄가 많거나 하나님이 사랑하지 않는 사람으로 보입니다. 기도를 더 오래 하거나, 금식기도와 같은 결단을 보여야 응답된다고 생각하기도 합니다. 그래서 기도가 응답되지 않았을 때는 우리의 노력이 부족했다고 느끼기도 합니다.

Q&A 하나님은 우리가 드리는 기도를 어떻게 생각하실까요?

Bible Talk

하나님은 우리의 기도에 응답하신다고 약속하셨습니다(렘 33:3). 그러므로 하나님께서 기도에 응답하시지 않는다는 생각은 맞지 않습니다. 하나님은 우리의 기도에 반드시 응답하시는 분이십니다. 그럼에도 우리의 기도가 응답되지 않는 것처럼 느껴지는 이유는 무엇일까요? 그것은 우리가 기도한대로 이루어져야 응답이라고 생각하기 때문입니다.

하나님의 응답은 거절이거나 기다리는 것이 될 수도 있습니다. 때로는 침묵이 될 수도 있습니다. 왜 하나님은 이렇게 다양하게 응답하시는 것일까요?

하나님은 "너희가 악한 자라도 좋은 것으로 자식에게 줄 줄 알거든 하물며 하늘에 계신 너희 아버지께서 구하는 자에게 좋은 것으로 주지 않겠느냐(마 7:11)"고 말씀하셨습니다. 하나님은 우리를 사랑하셔서 항상 좋은 것을 주십니다. 하나님 당신의 유익을 위해서가 아니라 우리의 유익을 위해서 주시는 분이십니다. 우리가 기도응답을 받지 못했다고 느끼는 순간에도 하나님은 응답하고 계시며 또한 가장 적절한 시기에 기도한 그 내용대로, 때로는 기도한 내용보다 훨씬 좋은 것으로 응답하여 주실 것입니다.

기도하고 응답을 기다리는 우리에게 필요한 것은 무엇입니까? 먼저 하나님은 기도에 응답하시는 분이시라는 믿음입니다. 그리고 가장 좋은 것으로 응답하시는 분이시라는 신뢰입니다. 내 생각과 다른 거절과 침묵으로 대하실 때도 좋은 것을 주시는 응답이라는 믿음만 있다면 우리는 하나님께 실망하거나 낙심하여 기도를 멈추는 일이 없을 것입니다.

Sharing

Q1 하나님은 우리에게 왜 응답해 주시는 것일까요?

Q2 하나님께서 주시는 응답은 정말 당신에게 항상 유익이 될까요?

CHAPTER 4.5

기도란 무엇인가요

 Open Talk

 Think

다른 종교와 기독교에서 하는 기도에는 차이가 있을까요?

한 청년이 목사님을 찾아왔습니다. 한 시간 정도 짬이 나 상담을 받고 싶다는 겁니다. 그는 자리에 앉자마자 진로에 대한 고민을 늘어놓기 시작했습니다.

"목사님! 이제 졸업반인데요. 제가 대학원을 진학해야 할지, 취업을 해야 할지 모르겠어요. 그리고 취업을 한다면 어떤 일을 해야 할지도 잘 모르겠어요."

청년은 자신의 상황과 마음을 장황하게 설명했습니다. 그렇게 한참 얘기하던 청년이 갑자기 시계를 보고는 다급하게 일어났습니다.

"목사님. 벌써 한 시간이 지났네요. 다음에 다시 얘기 들어주세요!"

목사님은 그에게 좋은 것이 무엇인지 알았지만 그것을 말해줄 시간은 주어지지 않았습니다.

Q&A 당신이 하나님께 하는 기도가 이렇지는 않나요?

... General Talk

기도는 사전적 의미로 '신이나 절대적 존재에게 바라는 바가 이루어지기를 비는 행위'를 말합니다. 대부분의 사람들이 언급하는 '기도'는 위의 개념을 벗어나지 않습니다. 무속신앙도 마찬가지고, 불교, 이슬람교, 힌두교의 기도도 그렇습니다. 해나 달, 나무나 돌에게 자신의 소원 성취를 위해 기도합니다. 신사, 동물, 불상, 성지를 향해 원하는 바를 말하며 그것이 이루어지기를 기도합니다. 모든 종교는 기도해야 할 것을 가르치고 또 강조합니다. '기도를 열심히 한다'라는 표현을 쓰자면, 그 의미는 '바라는 바가 이루어지기를 열심히 빈다'가 될 것입니다.

기독교도 기도를 합니다. 기독교인으로서 일반적 기도의 정의에서 생각해 보아야 할 것은 두 가지입니다. 첫째는 '누구에게 기도하는가?' 즉, 기도의 대상이 누구인가 하는 것입니다. 다른 한 가지는 '바라는 바가 이루어지기를 비는 것만을 기도로 봐야 하는가?', 다시 말해 '사전적 의미의 기도가 맞는가?'하는 것입니다.

우리는 흔히 기도할 때 나의 바람이나 소망 그리고 내게 처한 상황을 하소연하기에 바쁩니다. 기도의 대상자가 누구인지, 그 대상자가 나와 어떤 관계인지 생각하거나 그 대상자가 나에게 무어라 말하는지 알려고 하는 사람은 너무나 드뭅니다.

Q&A 당신은 누구에게 기도하며, 무엇을 기도하고 있습니까?

Bible Talk

19세기 남아공의 성자라 불리는 앤드류 머레이는 이렇게 말했습니다. "기도의 능력은 기도하는 대상이 누구인지를 이해하는데 온전히 달려 있다." 우리가 누구에게 기도해야 하며, 또 누구에게 기도하고 있는지를 분명히 알아야 한다는 것입니다.

기독교 기도의 대상은 하나님입니다.

"태초에 하나님이 천지를 창조하시니라(창 1:1)"

"하늘에 계신 우리 아버지여(마 6:9)"

우리는 창조자 하나님의 무한한 능력을 믿고 우리의 소원과 필요를 구할 수 있습니다. 그러나 그것이 기도의 전부가 아닙니다.

하나님 아버지는 자녀의 필요를 채워줄 뿐 아니라, 자녀와 교제하며 친밀한 관계를 갖고자 합니다. 예수님은 우리에게 이렇게 말씀하셨습니다. "너희가 내 안에 거하고 내 말이 너희 안에 거하면 무엇이든지 원하는 대로 구하라 그리하면 이루리라(요 15:7)" 우리가 기도로 원하는 것을 구할 때 하나님은 이루어 주시겠다고 하셨습니다. 그러나 "너희가 내 안에 거하고 내 말이 너희 안에 거하면", 즉 긴밀한 관계 속에서 동행하며 교제하는 것이 필수 조건입니다.

교제의 전제는 대화입니다. 대화는 일방적인 소통이 아닙니다. 다른 종교와 세상이 말하는 기도가 간구자의 일방적인 소통이라면, 기독교의 기도는 쌍방향의 소통입니다. 그래서 기독교의 기도는 대화이고 사귐입니다. 대화가 단절되면 그 관계는 소원해지고 멀어지게 됩니다. 하나님과 우리의 관계도 기도를 통한 교제가 없으면 멀어질 수밖에 없습니다. 그렇기 때문에 우리는 하나님께 아뢰는 만큼이나 하나님으로부터 듣는 기도가 있어야 합니다.

Sharing

Q1 당신은 얼마나 기도(하나님과 대화, 사귐)하고 계십니까?

Q2 매일 하나님과 긴밀하게 대화할 수 있는 나만의 시간을 정해봅시다.

CHAPTER
4.6

하나님께서 말씀하시는 복

? Think

우리가 '복'이라고 여기는 것에는 어떤 것들이 있나요?

... Open Talk

존 스타인백이 쓴 "진주"라는 소설이 있습니다. 어느 바닷가에 진주조개를 잡으며 사는 한 가난한 부부가 있었습니다. 어느 날 부부는 우연히 값비싼 진주를 발견했습니다. 그들은 꿈에 부풀어 말했습니다.

"이제 이것만 있으면, 좋은 집도 살 수 있고, 자녀들도 훌륭하게 키울 수 있고, 남부럽지 않게 살 수 있을 거야."

그런데 부부의 소식이 퍼지자 의사는 그들이 병에 걸려도 낫지 않는 약을 처방했고, 동네 사람들은 자꾸 부부의 집을 기웃거렸고, 밤에 강도가 침입하는 일도 생겼고, 먼 친척들이 찾아와 도와 달라고 떼를 썼고, 성당의 신부님도 큰 헌금을 기대하면서 부담을 주었습니다. 진주가 생겼다는 기쁨은 점점 사라졌고, 오히려 밤마다 공포와 불안이 엄습했습니다. 결국 부부는 상의 끝에 진주를 다시 바다에 던져 버렸습니다.

> **Q&A** 내가 찾고 있는 '값비싼 진주'는 무엇입니까?

... General Talk

2014년 사기혐의로 수배되어 수년간 도망 다니던 50대 남성이 구속됐습니다. 알고 보니 이 남성은 2003년 역대 두 번째로 높은 금액인 242억짜리 복권에 당첨된 사람이었습니다. 그는 많은 재산을 주식에 투자하고 사업에 도전했습니다. 그리고 고급 아파트 두 채를 구입하였습니다. 그러나 아파트를 포함한 전 재산을 탕진하는 데 채 5년이 걸리지 않았습니다. 또 2006년 14억에 당첨된 20대 청년은 도박에 빠져 돈을 모두 날리고 절도범이 되었습니다.

미국에서는 거액 복권 당첨자들의 90% 이상이 5년 안에 당첨 전보다 더 가난해졌고, 불행해졌다고 느낀다고 합니다. 이런 일들을 보면 돈이 많은 것이 꼭 복이라고는 할 수 없습니다. 그럼에도 불구하고 사람들은 많은 돈과 명예, 권력을 갖고 싶어 하고 이런 것들을 많이 갖는 것이 복이라고 생각합니다. 신앙인은 다를까요?

> **Q&A** 돈이 많으면 무조건 행복할 것이라고 생각한 적이 있나요?

📖 Bible Talk

복의 사전적 의미는 "삶에서 누리는 좋고 만족할 만한 행운, 또는 거기서 얻는 행복"입니다. 돈, 권력, 명예, 아름다움을 많이 가지면 복을 받은 걸까요?

진짜 복은 바로 예수님을 알고 믿는 것 그 자체입니다. 그것이 우리에게 행운이고 행복입니다. 그런데도 그 외의 부수적인 것들에 너무 집중하는 경우가 있습니다. 예를 들어 예수님을 믿어야 대학에 잘 가고, 취업이 잘 되고, 승승장구 한다고 여긴다면 이것은 기복신앙(복을 기원함을 목적으로 믿는 신앙)으로 빠질 위험이 매우 큽니다. 기복신앙에 빠지게 되면 내가 원하는 것들이 이루어지지 않을 때 하나님에게 실망하고 배신감을 느끼게 됩니다. 여기서 확실히 해야 할 것은 하나님께서는 우리의 간구를 들어주시지만, 그것만을 위해 존재하는 분이 아닙니다.

예수님께서는 마태복음 5장에서 복에 대해 말씀하셨습니다. 산상수훈을 통해 진정한 복은 외적인 것에 있지 않고 내적인 것에 있다고 가르치셨습니다. 첫 번째 복을 예로 들면 "심령이 가난한 자는 복이 있나니 천국이 그들의 것임이요(마 5:3)"라는 구절의 가난이란 의지할 사람이나 재산이 전혀 없는 거지 나사로, 마지막 재산인 두 렙돈을 바쳐 완전히 빈털터리가 된 과부 등을 나타낼 때 쓰였던 단어입니다. 이렇게 가난한 자가 복이 있다고 할 수 있을까요? 심령이 가난하다는 것은 영혼이 깨끗하게 비워졌음을 의미합니다. 내 안에 욕심, 의지, 뜻을 몰아내고 비울 때 비로소 하나님의 것으로 채울 수 있습니다.

성경은 세상의 훌륭한 조건과 물질로 채워진 것이 복이 아니라 예수 그리스도를 알고 믿는 것, 그리고 비워진 마음에 매일 매일 예수님으로 채우는 것이 가장 큰 복임을 우리에게 알려 줍니다.

Sharing

Q1 당신은 하나님이 주시는 복을 어떻게 이해하고 있나요?

Q2 돈과 권력 명예, 아름다움 등은 하나님이 주시는 복이 아닌가요?

Chapter 05

전도와 선교에 대한 질문

1 예수천당! 불신지옥! 불편한 진리
2 청년 전도가 너무 어려워요
3 너는 교회에 왜 다니니
4 행함 없는 믿음의 위험성
5 선교에 동참 하려면 선교사가 돼야 하나요
6 영적 전쟁이 무엇 인가요
7 이단, 알고 대비하자

CHAPTER
5.1

예수 천당! 불신 지옥! 불편한 진리

? Think

"예수천당! 불신지옥!"
맞는 말인데 불편하게
느껴지는 이유는
무엇일까요?

💬 Open Talk

민수에게는 전도하기 위해 오랫동안 마음에 품고 기도해 온 친한 친구 영호가 있었습니다. 언제, 어떻게 복음을 전할까 늘 고민했고, 일상 속에서 그리스도인으로서 모범적인 모습을 보여 영호의 마음이 열리도록 애써 왔습니다. 그렇게 준비한 시간이 길었기에 오늘은 영호에게 꼭 복음을 전하겠노라 다짐하며 영호를 명동으로 불러냈습니다.

민수는 명동의 한 카페에 앉아 설레고 긴장된 마음으로 영호를 기다렸습니다. 영호가 왔습니다. 영호는 의자에 앉자마자 민수에게 이야기 합니다

"야! 봤냐? 빨간 글씨로 '예수천당! 불신지옥!' 팻말 들고 다니는 사람들? 명동 올 때마다 보는데, 진짜 불쾌하고 그렇다. 너도 교회 다니지? 너도 저렇게 전도 하냐?"

Q&A 공격적으로 전도하는 모습을 보면 어떤 생각이 드나요?

 General Talk

서울 명동거리나 광화문 광장 등 사람이 많은 번화가에서 "예수천당 불신지옥" 팻말을 보는 것은 어렵지 않습니다. 대부분 빨간 십자가에 빨간 글씨로 쓰여 있습니다.

"예수천당! 불신지옥!" 예수님을 믿으면 천국에 가고, 믿지 않으면 지옥에 간다는 말입니다. 틀린 말 인가요? 아니요! 진리입니다. 복음을 이와 같이 간단하고 명료하게 나타내는 말도 적습니다. 그런데 세상에는 이 여덟 글자에 대해 거부감을 나타내는 사람들이 참으로 많습니다. '지옥'이라고 하는 단어가 주는 불편한 이미지 때문이기도 하겠지만, 그것을 전하는 사람들의 모습과 태도 때문인 경우가 대부분입니다.

수년 전 부산의 지하도에서 한 기독교인이 탁발을 하고 있는 스님 머리에 손을 얹고 '회개'를 권하는 사진이 이슈가 된 적 있습니다. 이에 누리꾼들은 기독교의 횡포라며 거세게 비판을 했습니다. 세상의 이러한 비판을 들으며 기독교 내에서도 자성의 목소리를 높이고 있는 실정입니다.

Q&A 기독교를 향한 세상의 비판이 타당하다고 생각하시나요?

Bible Talk

"다른 이로써는 구원을 받을 수 없나니 천하사람 중에 구원을 받을 만한 다른 이름을 우리에게 주신 일이 없음이라(행 4:12)"

성경은 예수 그리스도 외에 다른 이름으로 구원 받을 수 없다고 분명히 말합니다. 예수 그리스도를 믿음으로 말미암아 구원을 받는 것, 이것이 복음입니다. 우리는 이 복음을 전해야 합니다. 우리가 깨닫고 믿는 진리를 전해야만 합니다. 그것은 우리에게 맡겨주신 하나님의 사명이고, 우리가 감당해야할 그리스도인의 의무입니다.

전도할 때에는 강하고 담대한 믿음이 요구됩니다. 복음을 부끄러워하지 않고, 때를 얻든지 못 얻든지 전할 수 있어야 합니다. 다만 나의 담대한 믿음을 드러내는 것이 상대로 하여금 거부감을 느끼게 하고 하나님을 더 멀리하게 되는 계기가 될 수 있음을 명심해야 합니다.

예수님도 복음을 전할 때 강하고 담대한 모습을 보였습니다. 장로와 바리새인, 사두개인들에게는 논쟁을 넘어서서 질타와 경고도 하셨고, 그들을 향해 "독사의 자식들아(마 12장)"라며 쓴 소리도 뱉으셨습니다. 성전 앞에서는 노끈으로 채찍을 만들어서 매매상들을 쫓으시고 상을 뒤엎을 정도로 단호한 모습을 보이셨습니다(요 2장).

하지만 그것은 각 사람의 상황과 가치관, 관심사를 염두에 두고 지혜롭게 전한 것임을 기억해야 합니다. 생선을 잡던 자들에게는 사람을 낚는 어부가 되게 하겠다는 말씀으로, 물을 길러 온 사마리아 여인에게는 생수의 비유로 복음을 말씀하셨습니다.

예수님께서는 제자들을 세상에 보내시며 "너희는 뱀 같이 지혜롭고 비둘기 같이 순결하라(마 10:16)"고 말씀하셨습니다. 우리에게도 필요한 부분이 바로 이것입니다. 뱀 같은 지혜!

전해야 하는 복음이 달라져서는 안 됩니다. 세상의 비판 때문에 전도의 열정이 위축되어서도 안 됩니다. 다만 전도할 때 순결한 마음과 믿음을 가질 뿐 아니라 지혜도 필요하다는 것을 기억해야 합니다.

Sharing

Q1 지혜롭게 복음을 전했던 경험이 있었나요?

Q2 복음을 전하는 방법에 따라 상대방의 반응이 달랐나요? 어떻게 달랐나요?

CHAPTER
5.2 청년 전도가 너무 어려워요

 Think

당신은 전도를
무엇이라고
생각하나요?

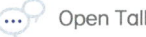 Open Talk

저는 청년부 회장입니다. 그러다보니 청년부에 많은 사람들이 오면 좋겠다는 마음으로부터 비롯된 부담감이 있습니다. 많은 사람이 함께 예배하는 상상을 할 때면 너무 행복하면서도, 한편으로는 어떻게 해야 사람들이 많아질지 몰라 막막하기도 합니다. 어떤 방법이 효과적인지 전도인지 모르다보니 청년들에게 함께 하자고 말하기 어려워지고 이러한 상황이 자꾸 반복되다보니 더욱 용기가 안 나고 전도를 쉬쉬하게 되는 것 같습니다. 청년 전도의 좋은 방법들이 없을까요?

Q&A 마지막으로 전도했던 때가 언제인가요?

General Talk

전도는 하나님께서 우리에게 주신 축복이며 당부입니다. 또 우리가 가장 확실하게 이웃을 사랑하는 방법과 표현이기도 합니다.

그러나 전도의 의무와 축복을 알면서도 사람들은 전도를 어려워하고 있습니다. 친구에게 전도하자니 부끄럽고, 모르는 사람에게 전도하자니 용기가 나지 않습니다. 또 이단들이 하도 적극적으로 포교활동을 하며, 그들이 이단인지 실제 기독교인인지 모르는 사람들에게 기독교에 대한 부정적인 이미지를 너무 많이 심어주다보니 전도를 하다 이단으로 오해받거나 부정적인 영향을 줄 수 있지 않을까 하는 두려움도 있습니다.

그리고 시대의 흐름에 맞지 않는 방법, 청년에게 맞지 않는 방법 때문에 전도가 부담으로 다가오거나, 낙담하는 것을 보게 됩니다. 심지어 전도는 매우 어렵고 힘든 것처럼 느껴집니다.

Q&A 당신이 전도하면서 겪었던 어려움은 어떤 것들이 있나요?
(전도를 해보지 않았다면 어떤 점이 어려울 것 같은지 이야기해 보세요)

📖 Bible Talk

하나님께서는 성령이 우리에게 임하시면 권능을 받고 증인이 되리라 말씀하셨습니다. 그러므로 우리에게 전도의 방법이 없다고 말하거나, 전도는 단순히 선택이라고 말하는 것은 옳지 않습니다. 그렇다면 전도는 어떻게 잘 할 수 있을까요?

먼저 전도가 무엇인지 알아야 합니다. 전도는 쉽게 말하면 "복음을 전하는 것"입니다. "복음"은 예수님으로 인해 "내 죄의 문제가 해결되고 하나님과의 관계가 회복된 것"을 말합니다. 그러므로 전도는 "예수님으로 인해 내 죄의 문제가 해결되고 하나님과의 관계가 회복됨을 전하는 것"입니다. 놀라운 사실은 나 스스로가 복음의 은혜를 깨달으면 전도하고자 하는 용기가 생긴다는 것입니다.

수험생들은 시험을 위하여 수많은 모의고사와 실전 문제들을 풀어봅니다. 준비 없이 시험을 보면 처음 겪는 환경에 당황하게 됩니다. 전도도 마찬가지입니다. 지금까지 알고 이해한 복음을 당황하지 않고 잘 설명할 수 있는 충분한 연습이 필요합니다. 복음을 어느 상황에나 전할 수 있는 연습이 필요합니다.

마지막으로 청년의 나이에 맞는 지혜가 필요합니다. 실제 청년들이 전도에 쉽게 참여하는 교회를 보면 "청년의 전공을 살린 초·중·고 무료 공부방", "의무 봉사활동 시간을 채워야 하는 중·고등학교 학생들을 위한 함께 봉사하고 친해지는 전도법", "청년의 끼와 특성을 살린 지역 주민을 위한 문화 공연" 등 각 교회의 상황에 맞는 방법을 찾아냈습니다.

전도자는 성령이 나에게 임하여 복음의 은혜를 깨달아 증인이 된 삶입니다. 그리고 당연하게도 하나님께서는 전도자에게 전도할 수 있는 지혜와 능력을 주십니다. 어렵다고 망설이거나 포기하지 말고 복음의 은혜를 전하기 위해 노력하는 하나님이 기뻐하시는 사람이 되어야 합니다.

Sharing

Q1 당신은 사람들에게 복음에 대해서 어떻게 전할 건가요?

Q2 우리 교회 청년들이 할 수 있는 전도 방법이 무엇이 있을까요?

CHAPTER 5.3

너는 교회 왜 다니니

? Think

당신은 교회를 어떤 곳이라고 생각하나요?

💬 Open Talk

기독교 모태 신앙인으로 태어난 저는 어릴 때부터 부모님 손에 이끌려 자연스럽게 교회에서 신앙생활을 시작했어요. 교회는 제게 매우 익숙한 곳이었고, 부모님의 권유에 따라서 성경학교, 학생회 예배, 수련회, 각종 행사에 빠짐없이 참여도 했어요. 제가 교회를 다니는 것은 매우 당연한 것이었고, 한 번도 교회를 왜 나가야 하는지 고민해 본 적도 없었어요. 그러던 중 대학생이 되었고 친구들과 주말을 낀 여행 계획을 세우기 시작했어요. 나는 기독교인이라서 일요일은 교회에 가야 한다고 했더니 친구들이 이런 질문을 던지는 거예요.

"너 아직도 교회에 다니니? 너 교회에 왜 다니니?"

갑자기 이런 질문을 받으니 참으로 당황스럽고 뭐라고 말해야 할지 몰라서 난감했어요.

Q&A 당신은 교회에 왜 다니나요?

 General Talk

포스트모던 시대의 특징은 사람들의 다양성을 인정하고, 개인의 감정과 판단을 매우 중요하게 여기는 것입니다. 현대인들은 어떤 것을 선택하고 결정할 때 자신이 세운 기준에 따라 의사결정을 하는 편입니다. 마치 대형마트에서 자신이 원하는 물건을 골라서 쇼핑 카트에 담듯이, 자신의 관심과 취향에 맞는 것을 선택합니다.

그런 의미에서 신앙생활도 하나의 선택사항(option)이 되고 있습니다. 취미 생활이나 동아리 활동처럼 종교 역시 선호도에 따라서 얼마든지 바꿀 수 있다고 생각합니다. 교회도 하나의 선택 사항이 되어 자신의 선택에 따라 언제든지 바꿀 수 있는 것 아니냐는 반응을 보이기도 합니다. 그래서 일요일에 자신에게 더 중요한 일이나 행사가 생기면, 교회에 나와 예배드리는 것을 선택하기보다 자신에게 당장 필요하다고 느끼는 것을 쫓아갑니다. 심지어 교회에 다니지 않아도 개인적으로 신앙생활을 얼마든지 잘할 수 있다고까지 말합니다.

최근에는 교회에 출석하지 않고 신앙생활을 하는 '가나안 교인(교회 '안 나가'를 거꾸로 한 표현)'이 점점 늘어나고 있으며, 교회를 눈에 보이는 '건물' 정도로만 간주하는 사람들도 생겼습니다.

Q&A 교회는 단지 눈에 보이는 건물로서의 의미만 있을까요?

Bible Talk

성경은 교회를 성령 안에서 '유기적인 공동체'로 봅니다. 교회는 크게 '눈에 보이는 교회'와 '눈에 보이지 않는 교회'로 구분할 수 있습니다. '눈에 보이는 교회'는 건물로서의 외형적인 형태, 모양, 예배 형식을 통틀어서 말하고, '눈에 보이지 않는 교회'는 예수님을 믿고 영접한 거룩한 하나님의 백성인 성도를 의미합니다. 그래서 교회를 헬라어 원어로는 '에클레시아(ekklesia)'라고 하는데, 이것은 '세상에서부터 부름 받은 백성들'을 의미합니다. 즉 교회는 단지 건물만이 아니라 하나님의 사람들도 교회인 것입니다.

예수님은 베드로가 고백한 "주는 그리스도시요 살아계신 하나님의 아들이십니다"라는 믿음 위에 주님의 교회를 세우신다고 말씀하셨습니다(마 16:18). 이렇게 교회는 신앙고백 위에 세워진 공동체입니다. 또한 교회는 "그리스도의 몸(엡 1:23)"으로 우리들은 그 몸을 구성하는 각 지체가 됩니다. 지체가 서로 연결되어 상호작용을 하듯이, 모든 성도들이 그리스도 안에서 한 몸 공동체를 이루는 영적 가족이 되는 것입니다.

신약 시대의 초대 교인들은 처음에 어떤 조직이나 단체를 만들려고 하지 않았습니다. 다만 예수님을 순수하게 따르던 사람들이 함께 모여 모든 물건을 서로 나누고, 재산과 소유를 팔아 각 사람의 필요를 따라 나눠주며, 날마다 마음을 같이하여 성전에 모이기를 힘쓰고, 집에서 떡을 떼며 기쁨과 순전한 마음으로 음식을 먹었습니다(행2:44-46). 그 사랑의 공동체가 교회가 되었습니다. 교회는 이 땅에 하나님의 나라를 이루며, 작은 천국을 공동체 안에서 이루는 축복의 통로입니다.

Sharing

Q1 다함께 초대교회의 모습을 찾아서 읽어봅시다. (행 2:44-47)

Q2 인터넷으로 예배드리면 안 되나요? 왜 교회를 다녀야 할까요?

CHAPTER
5.4 행함 없는 믿음의 위험성

Think

행함 없는 믿음도 믿음이라고 해야 할까요?

Open Talk

주일 예배에 한 부부가 참석했습니다. 부인은 교인이었지만 남편은 주님을 믿지 않았습니다. 설교를 마친 목사님은 청중들에게 그리스도를 영접할 수 있는 시간을 주었습니다. 누구든지 예수를 자기의 구주로 믿어 영접할 사람은 강단 앞으로 나오라고 했습니다. 부인은 남편의 귓전에 대고 말했습니다.

"여보, 당신도 지금 앞으로 나가서 주님을 믿기로 결심하지 않겠어요? 지금이 바로 당신이 믿기로 작정할 아주 적절한 때인 것 같아요"

아무리 좋은 말을 해도 남편은 무반응이었습니다. 집으로 돌아오는 길에 부인은 서운한 마음에 남편에게 말했습니다.

"나는 드디어 당신이 결심하는 게 아닐까 기대했어요!"

남편은 조용히 입을 열어서 이렇게 대답했습니다.

"당신은 크리스천이고 나는 아니오. 하지만 나는 당신과 나 사이에 차이를 발견하지 못했소. 당신도 카드놀이를 하고, 나도 카드놀이를 하지 않소? 때에 따라서 당신도 술을 마시고, 나도 술을 마시오. 곰곰이 생각해봐도 당신과 내 생활에 어떤 차이도 없는데 내가 왜 새롭게 크리스천이 되어야 하오? 크리스천인 당신과 불신자인 나와의 차이가 어디에 있단 말이오?"

*한태완, 「예화 포커스」, 좋은땅

 Q&A 혹시 이와 비슷한 경험이 있지는 않나요?

General Talk

세상은 높은 도덕성을 종교에 요구합니다. 그러다보니 종교 단체나 종교인의 부도덕함에 더 큰 실망을 보이고 비판을 합니다. 그들의 높은 잣대와 기준이 잘못된 것은 아닙니다. 왜냐하면 모든 종교는 정직과 사랑, 화합, 희생 같은 가치를 추구하고 가르치며 본이 될 것을 말하고 있기 때문입니다.

비판이 많다는 것은 그들의 기준이 높다는 것을 의미하기도 하겠지만, 그만큼 종교단체와 종교인이 얼마나 잘못하고 있는가를 나타내는 것이기도 합니다. 특별히 교회와 그리스도인에 대한 비판을 살펴보면 "안 믿는 사람과 다를 바 없다", "말로만 사랑한다!", "행동과 실천이 없다" 등의 이야기가 많습니다.

얼마 전 어떤 불미스러운 사건의 가해자가 하나님께 회개했고, 하나님께서 용서해주셨다고 말한 간증이 파장을 일으켰습니다. 그 사건의 피해자는 가해자의 사과와 용서를 받지 못했기 때문입니다.

Q&A 행함 없는 믿음도 믿음이라고 생각하나요?

Bible Talk

기독교는 믿음의 종교입니다.

"너희는 그 은혜에 의하며 믿음으로 말미암아 구원을 받았으니 이것은 너희에게서 난 것이 아니요 하나님의 선물이라 행위에서 난 것이 아니니 이는 누구든지 자랑하지 못하게 함이라(엡 2:8-9)"

에베소서 말씀처럼 구원은 행위를 통해 받는 것이 아니라 예수 그리스도를 믿는 믿음으로 받는 것입니다. 이것은 결코 변하지 않는 진리입니다. 다른 구원의 방법을 이야기하는 것은 이단이고 거짓입니다. 그렇다고 해서 행위가 중요치 않은 것이 아닙니다. 성경은 이렇게 말합니다.

"내 형제들아 만일 사람이 믿음이 있노라 하고 행함이 없으면 무슨 유익이 있으리요 그 믿음이 능히 자기를 구원하겠느냐(약 2:14)"

"이와 같이 행함이 없는 믿음은 그 자체가 죽은 것이라(약 2:17)"

행하지 않는 믿음은 존재할 수 없습니다. 믿음과 행위가 불가분의 관계 속에 있기 때문입니다. 진정한 믿음이 있는 자는 반드시 행동합니다. 바울이 다메섹 도상에서 살아계신 예수님을 만난 뒤 그에게는 진정한 믿음이 생겼습니다. 그리고 그 믿음은 그의 행위로 분명하게 드러났습니다.

하지만 행위를 보고 믿음이 있다고 단정 지을 순 없습니다. 다시 말해 행위 없는 믿음은 불가능하지만, 믿음 없는 행위는 가능하다는 겁니다. 예수 그리스도를 구주로 고백하는 믿음 없이도 선행을 하는 사람은 어렵지 않게 찾아볼 수 있습니다.

우리에겐 누군가의 믿음이 진짜인가 가짜인가를 판단할 자격과 힘이 없습니다. 다만 세상과 사람들은 그리스도인의 믿음을 행실을 통해 확인합니다. 그래서 마태복음 5장 16절은 우리에게 이와 같이 권면합니다. "이같이 너희 빛이 사람 앞에 비치게 하여 그들로 너희 착한 행실을 보고 하늘에 계신 너희 아버지께 영광을 돌리게 하라"

구원받은 믿음의 사람이라면 그에 맞는 행위가 응당 따라야합니다. 나에게 이러한 열매와 증거가 없다면 나의 믿음은 죽은 믿음이 아닌가 점검해 보아야 합니다. 행위는 구원의 조건은 아니지만, 구원받은 자가 나타낼 열매이고 증거이기 때문입니다.

Sharing

Q1 믿음이 생긴 후 변화된 당신의 모습과 행동에는 어떤 것들이 있었나요?

Q2 행동하는 믿음을 위해 지금 어떤 노력을 하고 있나요?

CHAPTER 5.5 선교에 동참 하려면 선교사가 돼야 하나요

? Think

선교라는 단어를 들으면 무엇이 생각나요?

💬 Open Talk

대학생 시절 선교단체에서 주최하는 여름 캠프에 참여해 많은 은혜를 받았습니다. 그곳에서 해외 선교사라는 사명에 대해 알게 되었고, 그 삶이 아주 의미 있고 소중하다고 생각했습니다. 그리고 선교사로 나가는 것이 좋겠다고 결심했습니다.

하지만 당장에는 가족들의 반대와 녹록치 않은 여건 때문에 해외 선교사로 나갈 수 없었습니다. 대신에 선교사님들을 위해서 물질로 후원하고 기도로 돕기 시작했습니다. 여름 단기선교에 참여하기도 했습니다.

주위 사람들은 나를 볼 때마다 앞으로 선교사로 사는 것이 참 좋겠다는 말을 많이 합니다. 그러나 나는 선교사로 나가는 것보다 지금의 상황에 만족하고 있습니다.

Q&A

선교사는 해외에 나가야만 하나요?

 General Talk

　선교는 매우 특별해 보입니다. 그래서 선교에 대한 은사가 있는 사람들만의 사역이라고 생각합니다. 또 순교할 각오가 되어있는 믿음이 큰 사람들이 하는 것으로 여겨집니다.

　어떤 사람들은 아직 우리나라에도 믿지 않는 사람들이 이렇게 많은데 그 사람들에게 최선을 다하지 않고, 굳이 멀리까지 나가 복음을 전하려고 물질과 노력을 들여야 하는지 의문을 품습니다. 반대로 선교를 위해 자신을 드리기로 헌신했다가 여러 가지 상황으로 인해서 선교사로 나가지 못한 사람들은 하나님의 뜻을 지키지 못했다는 부담감을 갖기도 합니다.

　하나님의 선교에 동참하는 방법은 단 하나가 아닙니다. 우리는 각자가 처한 상황에서 선교에 동참할 수가 있습니다.

Q&A 선교에 동참하는 다양한 방법들은 어떤 것들이 있을까요?

Bible Talk

　선교 사역은 특정한 사람들만을 위한 부르심이 아닙니다. 우리 모두를 위한 부르심이며 포괄적인 부르심입니다. 예수님은 성령이 임하면 우리가 땅 끝까지 이르러 증인이 된다고 말씀하셨습니다(행 1:8). 그래서 예수 믿은 우리들 모두 증인의 사역인 선교의 사역으로 부르심을 받은 것입니다. 그러나 모두가 선교사가 되라는 말씀은 아닙니다. 다양한 방법으로 증인이 되는 선교 사역을 감당할 수 있습니다.

　어떤 사람은 직접 선교지에 갑니다. 다른 나라에서 그들과 함께 살며 사랑과 복음을 증거합니다. 그러나 그들만으로는 지속적이고 건강한 사역을 해나가기 어렵습니다.

　군대도 전방에서 싸우는 사람들에게 꼭 필요한 것이 후방의 지원이듯이 선교도 마찬가지입니다. 현지 선교사를 후원하고 보내는 사람이 필요합니다. 선교사역에서 꼭 필요한 것이 바로 중보기도입니다. 이곳에서 선교사를 위해 기도하는 것 역시 선교의 일부입니다. 또 선교사님에게 사랑과 관심을 표현하고 물질적으로도 후원하는 것 역시 너무나 중요합니다. 때로 자기가 가진 재능으로 단기간 하나님의 선교 사역에 동참할 수도 있습니다.

　하나님은 협력하여 일하시는 분이십니다. 은사가 여러 가지인 것처럼 우리가 각자의 상황에서 선교에 대한 마음을 가지고 헌신할 때 하나님의 나라는 세워질 것입니다.

Q1 선교 그리고 선교사란 무엇일까요?

Q2 우리는 어떤 방법으로 선교에 동참할 수 있을까요?

CHAPTER
5.6 영적 전쟁이란 무엇인가요

 Think

영적 전쟁이란 무엇일까요?

 Open Talk

요즘에는 애니메이션이나 게임, 영화, 책 등 다양하고 많은 분야에서 영혼이나 영의 세계와 관련된 연출들을 쉽게 접할 수 있습니다.

2018년 개봉한 "코코"라는 애니메이션은 우연한 기회에 '죽은 자들의 세상'에 들어가게 된 한 소년의 이야기로, 300만 관객을 모으며 큰 흥행을 얻었습니다. 그 외에도 "해리포터", "닥터 스트레인지", "신과 함께", "디아블로" 등이 대중적인 인기를 끌었습니다.

그리고 더 나아가 천사와 악마가 대립하거나, 악령 퇴치를 위해 행해지는 엑소시즘(Exorcism), 혹은 영매들을 통해 내 주변의 악한 기운을 없애고 보호하는 축복을 빌어주는 것 등 다양한 분야에서 영적 전쟁의 모습을 볼 수 있습니다.

Q&A 당신은 영적 전쟁이라는 말은 언제 들어보셨나요?

 General Talk

교회 내에서도 "영적 전쟁에서 승리해야 한다"는 말을 자주 접하게 됩니다. 그리스도인으로서 알아야 할 "영적 전쟁"은 무엇일까요?

영국의 문학가이자 기독교 변증가로 유명한 C.S. 루이스가 쓴 "스크루테이프의 편지"라는 책이 있습니다. 이 책의 주인공은 바로 하나님께 대적하여 타락한 천사 '사탄들'입니다. 이들의 원수는 '예수님'이며 그들은 '예수님을 믿는 자'들을 망가뜨리려 합니다. 그리고 사람들에게 정체가 밝혀져 계획에 실패하지 않기 위해 눈에 보이지 않게 움직입니다. 사람들의 감정과 상황 뒤에 교묘하게 숨어 움직입니다. 또 믿는 자들을 망가뜨리기 위해 끊임없이 여러 가지 방법을 동원합니다. 질투 때문에 서로 미워하게 하고, 미움을 증폭시켜 전쟁을 고민하게도 하며 괴롭고 슬픈 마음을 조장하여 죽음에 이르게까지 하기도 합니다.

이 책은 믿는 자로 세상에 살면서 겪는 사탄이 우리에게 걸어오는 영적 전쟁의 모습을 매우 잘 그려놓았습니다. 단순히 교회를 다니는 것이 신앙생활의 전부가 아니라 영적인 전쟁에서 싸워 이겨야 함을 알려주고 있습니다.

Q&A 당신이 경험했던 사탄이 걸어오는 영적 전쟁은 어떤 것들이 있나요?

Bible Talk

하나님께서는 영적 전쟁은 어둠의 세상 주관자들과 하늘에 있는 악의 영들을 상대하는 것이라고 말씀하셨습니다. 그리고 더 나아가 이들의 간계를 능히 대적하고 바로 서는 것이 영적 전쟁에서의 승리라고 말씀하셨습니다.

우리의 영적 대상들은 하나님을 대적하고 비방하며(시 38:20), 타락한 영의 두목(마 12:24)이며, 하나님과 인간의 올바른 관계를 파괴하고(창 3:1-7,13), 마치 우는 사자와 같아서 삼킬 자를 두루 찾아다닙니다(벧전 5:8). 하나님의 자녀를 망가트리려 하고, 하나님을 욕보이고 비방하려 합니다.

이들은 돈, 명예, 성(性), 감정 등의 것들로 사람들을 유혹합니다. 하나님께서 주신 축복이지만 오히려 하나님보다 더 사랑하고 관심을 가져 우상이 되게 하거나, 하나님이 싫어하시는 일을 일삼기에 쉬운 것이 되게끔 사람들을 유혹합니다. 다시 말해 사람이 하나님에게 불순종하는 죄를 짓게 만드는 것입니다.

하나님께서는 우리에게 사탄이 주는 유혹(=영적 전쟁)을 이기는 방법을 알려주셨습니다. 바로 하나님의 말씀을 갖는 것, 전신 갑주를 취하는 것입니다(엡 6:17). 성경에 쓰인 하나님의 말씀은 하나님의 감동으로 된 것으로 우리를 교훈하고 책망하고 바르게 하며 의로 교육하기에 유익합니다(딤후 3:16). 또 죄의 유혹을 예방하며 하나님과 올바른 관계를 세워주며 더 나아가 영적 전쟁에서 승리하는 최고의 방패이자 무기입니다.

우리는 말씀을 통해 알려주시는 영적 전쟁의 다양한 모습들을 깨닫고 하나님과 나의 관계를 파괴하려는 죄의 유혹을 이겨내는 그리스도인이 되어야 합니다.

Sharing

Q1. 만약 당신이 그리스도인들을 파괴하는 입장이라면 어떤 계략을 세울 것 같나요?

Q2. 그리스도인이 영적 전쟁에서 승리하기 위해 할 수 있는 일이 무엇이 있을까요?

CHAPTER 5.7

이단, 알고 대비하자

? Think

이단을 대비하기 위해선 어떻게 해야 할까요?

 Open Talk

요즘 보이스 피싱 같은 사기가 큰 문제가 되고 있습니다. 동시에 건강한 기독 청년들을 상대로 하는 영적인 사기도 극성입니다. 바로 이단입니다. 너무나도 큰 문제는 그들의 방법이 참으로 교묘하다는 것입니다.

한 대학생이 학과 MT에서 술을 거절하는 문제로 힘들어할 때 나서서 방패가 되어준 선배가 있었습니다. 자연스레 그 선배와 친해지게 되고 가까워졌습니다. 한참 시간이 흐른 후 선배가 큐티 나눔 모임이 있는데 함께하자고 했습니다. 후배는 그동안 너무나 친절했고 힘이 되어준 선배이니 거절할 이유가 딱히 없었습니다. 그렇게 합류하게 된 큐티 모임 속 멤버들은 모두가 신천지 사람들이었습니다.

이런 사례 뿐 아니라 심리상담, 인문학 강의, 스터디 모임, 설문조사 등 너무나 다양한 방법으로 사람들을 꾀하고 있습니다. 대표적인 이단에는 어떤 곳이 있으며, 그들이 주장하는 핵심적인 내용이 무엇인지 함께 알아봅시다.

Q&A 이단의 문제가 어느 정도로 심각하게 여겨지시나요?

 General Talk

● 신천지 예수교 증거장막성전 (신천지)
* 대 표 자 : 이만희
* 주요교리서 : 「계시록의 진상」, 「신탄」
* 주요주장 : 이만희씨는 육으로 온 보혜사로 육체영생불사한다. 요한계시록의 실상을 보고 아는 사람은 이만희 뿐이다. 신천지 신도 144,000명이 채워지면 신천지 시대가 열려 죽지 않고 이 땅에서 왕 노릇한다.
* 포교방법 : 비밀리에 교회 등에 침투한 일명 '추수꾼'을 통해 교회를 장악해 간다. 종교색을 감추거나 공신력 있는 기관을 사칭해 설문조사, 심리상담 등으로 접근한 후 6개월이 소요되는 초중고 과정의 성경공부로 인도한다. 기존 교회에 대해 불신을 조장하고 야기한다.
* 대 처 법 : 성경공부 모임을 알리지 말라고 하는 경우는 100% 이단이라고 봐야한다. 교회 밖에서 이루어지는 성경공부는 되도록 피해야 하며, 아는 지인의 권유 및 모임에 함께하는 것도 경계해야 한다. 대학과 직장에서의 신앙모임도 건전한지 반드시 확인해야 한다.

● 하나님의 교회 세계복음선교협회 (안상홍증인회)
* 대 표 자 : 안상홍(사망), 장길자, 김주철
* 주요교리서 : 「하나님의 비밀과 생명수의 샘」, 「천사세계에서 온 손님들」, 「최후의 재앙과 하나님의 인」, 「모세의 율법과 그리스도의 율법」

* 주요주장 : 하나님의 교회는 1985년 사망한 안상홍씨를 '재림그리스도 하나님'으로 믿고 있다. 안상홍씨 사망 후, 장길자를 '하늘 어머니', '어머니 하나님'으로 신격화했다. 안식교의 영향을 받아 토요일을 안식일로 지키고 있다. 예수그리스도의 성탄절, 수난절, 부활절을 부인한다.
* 포교방법 : 적극적인 사회봉사 활동을 통해 사회적 공신력을 얻고 있다. 각지에 '샛별선교원'을 운영하면서 지역아동들에게 접근한다. 성탄절과 유월절 등에 대한 설문조사를 한다. 태블릿PC로 동영상을 보여주며 접근하고, 어머니 사진전 등을 개최한다.
* 대 처 법 : '안식일이 무슨 요일인가?', '성탄절은 12월 25일인가?', '유월절을 지키고 있는가?', '하늘 어머니는 누구인가?'등의 설문조사에 관심을 보이지 말아야 한다.

● 예수그리스도후기성도교회 (몰몬교)
* 대 표 자 : 조셉 스미스(Joseph Smith)에 의해 1830년 미국에서 설립
* 주요교리서 : 「몰몬경」, 「교리와 성약」, 「값진 진주」
* 주요주장 : 몰몬교회만이 유일한 예수 그리스도의 교회라고 주장한다. 모든 인간은 하늘의 부모에게서 받은 영을 가지고 있으며, 하나님처럼 되기 위해 이 땅에 태어났다고 믿는다. 하지만 인간의 타락으로 인해 이러한 창조의 계획이 성취되지 못했고, 타락으로부터 회복되기 위해 지상천국을 건설해야만 했으며, 그래서 몰몬교회에서 거행되는 결혼을 통해 가정이 이루어지고 지상천국이 건설될 수 있다고 믿는다.
* 포교방법 : 2명씩 짝지어 다니는 20대 초반의 몰몬교 선교사들이 유창한 한국말로 영어를 무료로 가르쳐준다며 접근한다.
* 대 처 법 : 몰몬교에서 운영하는 무료영어공부에 참여하지 않는다.

● 여호와의 증인
* 대 표 자 : 찰스 테즈 럿셀(Chales Taze Russell)
* 주요교리서 :「신세계번역판성경」
* 주요주장 : 예수를 피조물로 보며 삼위일체를 부정한다. 여호와의 증인들만이 부활하여 지상낙원을 통치한다고 주장한다. 영혼멸절설을 주장한다.
* 포교방법 : 두 명씩 짝을 지어 가가호호 방문을 하며 포교한다.「파수대」와「깨어라」등의 잡지를 나누어주며 전철역 입구, 버스정류장 등에 비치해두고 서 있는다. 기독교인들을 주로 미혹한다.
* 대 처 법 : 여호와의 증인이 방문 시 출입을 허락하지 말아야 한다. 호기심어린 교리 논쟁이 포교의 기회를 제공할 수 있다.

● 대학가의 이단들
* 국제청소년연합(IYF, 박옥수 구원파)
* 기독교베뢰아교회연합(서울성락교회) - CBA란 이름으로 활동한다.
* JMS(기독교복음선교회) - 정체를 감추고 위장 동아리들을 만들어 활동한다.
* 통일교 - 원리연구회와 월드카프라는 이름으로 활동한다.

*자료출처 : 이단 바로알기 (월간 현대종교)

Q&A 알고 있는 다른 이단 위장 동아리나 위장 단체에 대해 이야기 해 보세요.

Bible Talk

    왜 많은 사람들이 이단에 빠지게 되는 것일까요? 그 이유는 대상과 환경에 따라 다양하겠지만 공통적으로 말씀에 대한 호기심을 해결하지 못하는 데에서 비롯됩니다. 그리고 애정과 관심의 결핍에서 오는 경우도 많습니다. 교회에 대한 불신을 해결하지 못한 상황의 사람들이 이단에 빠지는 비율도 높습니다. 안타까운 것은 어떠한 이유로든지 이단에 빠진 사람들의 말로는 너무도 불행하다는 것입니다.

    "거짓 그리스도들과 거짓 선지자들이 일어나 큰 표적과 기사를 보여 할 수만 있으면 택하신 자들도 미혹하리라(마 24:24)"

    사탄의 미혹은 에덴동산 때부터 시작되어 초대교회 뿐 아니라 지금 이 시대에도 끊임없이 지속되고 있습니다. 그리고 그 피해는 예나 지금이나 적지 않습니다. 이단에 빠져 이혼, 가출, 폭행 등으로 가정이 파괴되기도 하고, 교회가 분열되기도 합니다. 돌도 안 된 자녀의 양육권을 포기하면서까지 이혼하며 신천지로 가버린 젊은 부모도 있습니다. 가출한 자녀를 찾고자 신천지 앞에서 피켓 시위하는 절박한 심정의 부모들의 모습을 뉴스나, 매체 등을 통해서 우리는 많이 볼 수 있습니다.

    예수님께서는 제자들에게 "너희가 사람의 미혹을 받지 않도록 주의하라 많은 사람이 내 이름으로 와서 이르되 나는 그리스도라 하여 많은 사람을 미혹하리라(마 24:4-5)"라고 이단을 경계할 것을 말씀하셨습니다. 대학생, 청년들을 대상으로 포교하는 이단이 늘어나는 이때에 더더욱 깨어 기도하며 이단을 경계해야 할 것입니다.

Sharing

Q1 혹시 이단의 전도를 받아봤거나, 이단과 논쟁을 한 적이 있나요? 어떻게 대처하셨나요?

Q2 흔들리지 않는 믿음으로 바로 서기 위해 공동체가 함께 할 수 있는 일은 무엇이 있을까요?

이단상담

현대종교 www.hdjongkyo.co.kr
한국기독교 이단상담소 협회 www.jesus114.net

Chapter 06

일상생활에 대한 질문

1 결혼, 꼭 신앙인과 해야 하나요
2 혼전성관계
3 제사, 참여해도 되나요
4 술, 마셔도 되나요
5 중독
6 우상
7 리더십

CHAPTER
6.1 결혼, 꼭 신앙인과 해야 하나요

 Think

 Open Talk

당신이 생각하는
행복한 결혼이란
무엇인가요?

저에게는 결혼을 약속한 사람이 있습니다. 둘 다 직장도 있고, 경제적으로도 안정적이고, 많은 부분들이 잘 맞습니다. 그런데 단 하나, 종교적인 문제가 있는데요. 상대방과 그의 집안은 무교입니다. 그래서인지 주위의 교인들은 "결혼하면 너의 신앙생활이 힘들 거야."라고 우려 섞인 이야기를 합니다. 저희 커플은 서로 너무 사랑하고 좋아하는데, 이 결혼, 해도 되는 걸까요?

Q&A 당신이 사례의 주인공이라면, 어떻게 하시겠습니까? 그 이유는요?

 General Talk

각자 다른 삶을 살아온 두 남녀가 만나 한 가정을 이루는 것은 여행과도 같습니다. 두근거리고 설레며 긴장되고 떨리기도 합니다.

그리스도인들도 하나님께서 이끄시는 행복한 결혼을 꿈꾸며 주변에 결혼한 그리스도인들에게 조언을 종종 구합니다. 하지만 다양한 조언 가운데 "좋은 신앙이 있는 배우자가 중요하다."라는 의견과 "신앙보다는 인격이 중요하다."라는 상반된 의견이 우리를 혼란스럽게 합니다. 하나님을 믿는 사람을 만나 결혼하는 것이 행복한 결혼 같으면서도, 한편으로는 아무리 신앙이 좋아도 서로 맞지 않으면 행복하지 않기 때문에 인격이 좋은 사람을 만나는 것이 행복한 결혼이 될 수도 있다고 생각합니다.

신앙만 보고 택하자니 신앙 외의 현실적인 다른 조건들이 고민되고, 반대로 인격적인 것을 우선시하면 신앙을 등한시한 것 같은 불편함을 느끼기도 합니다.

Q&A 교회 내에서 당신이 들었던 결혼에 대한 조언은 무엇이었나요?

> **Bible Talk**

　성경에는 우리를 신부로 삼아주신 신랑 하나님을 통해 보여주는 결혼의 모습이 있습니다. 하나님은 공의롭고 사랑이 많으며 죄가 없으신 분이지만 아이러니하게도 죄가 있는 연약한 우리를 신부 삼아주셨습니다(시 61:10). 하나님께서는 우리와의 결혼을 통해 무엇을 말씀하시는 것일까요?

　하나님은 "믿는 자", "믿지 않는 자" 모두를 덮고 남을 조건 없는 사랑으로 우리를 사랑하십니다. 그리고 우리는 하나님의 조건 없는 사랑의 모습을 닮아야 합니다. 하나님이 우리를 조건 없이 사랑하신 것처럼 허물마저도 덮을 사랑으로 배우자를 사랑해야 합니다.

　"무엇보다도 뜨겁게 서로 사랑할지니 사랑은 허다한 죄를 덮느니라(벧전 4:8)"

　조건 없는 사랑으로 우리를 신부 삼아주셔서 하나님과 함께할 수 있는 은혜, 즉 구원의 은혜를 주셨습니다. 바로 이 은혜가 "하나님의 조건 없는 사랑을 받은 나"와 배우자의 결혼 관계에도 똑같이 적용됩니다. 배우자를 사랑할 때 하나님의 은혜가 배우자에게 전해지는 것입니다.

　그러므로 여러 가지 조건은 사실 큰 문제가 아닙니다. 오히려 하나님께서 나와 내 배우자를 사랑하시고 나를 통하여 전해질 배우자를 향한 하나님의 은혜를 깨닫는다면, 조건이 어떠하든 하나님이 보여주신 결혼의 모습을 닮는 축복의 결혼이 됩니다.

Sharing

Q1 결혼을 생각할 때 가장 고민되는 부분은 무엇인가요?

Q2 행복한 결혼을 위해 배우자에게 해줄 수 있는 약속에는 무엇이 있나요?

CHAPTER 6.2

혼전성관계

 Think

당신은 혼전성관계에 대해 어떻게 생각하나요?

 Open Talk

평소에 신앙생활을 열심히 하는 한 청년이 있었습니다. 청소년 시절부터 열심히 교회에서 봉사하며 예배 생활을 철저히 하였고 늘 주변에서 인정받는 모범적인 학생이었습니다. 어려서부터 성경적인 가르침을 받았던 청년은 이성교제에도 신중한 태도를 보였습니다. 그러던 어느 날 교제하던 친구가 스킨십을 요구하였습니다.

"우리 오늘 같이 자자. 너도 나를 사랑하고 나도 너를 사랑하는데 좀 더 깊은 사랑을 나누자."

처음에는 완강히 거부했습니다. 그런데 문제는 주변의 분위기였습니다. 다른 친구들은 아무렇지 않게 생각하는데 자신만 너무 심각한 게 아닌가 마음에 내내 걸렸습니다. 상대방도 이 청년의 생각이 잘못된 것이라고 설득했습니다.

"다 괜찮아, 피임하면 되지. 내가 잘 할게."

결국 이 청년은 사랑이라는 표현에 설득되었습니다.

Q&A 서로 사랑한다면 혼전에 성관계를 해도 괜찮을까요?

 General Talk

요즘 청년들 사이에는 파트너와 '속궁합이 맞아야 한다', '동거해 보고 결혼해야 한다'는 생각이 어느 정도 보편성을 띠고 있습니다. 특히 대학교 주변 원룸 촌에는 이런 문화가 자연스럽게 자리 잡혀 있습니다. 실제로 인구보건복지협회에서 전국 44개 대학 1813명을 대상으로 설문한 조사에 의하면 혼전성관계가 가능하다가 75%가 나왔습니다. 서로 사랑하면 아무래도 상관없다는 뜻입니다.

문제는 하룻밤을 장난삼아 보내는 '원나잇'이라는 단어가 자연스럽게 청년들의 삶 속에 자리 잡혀 있으며, 신중한 고민없는 동거 문화가 결혼 문화를 앞서가기 시작했다는 것입니다. 점점 성적 욕구와 편리주의만을 따라가는 시대가 되어 버린 것입니다.

우리는 성관계에서 '출산'이라는 측면을 인식하지 못하고 성의 '쾌락적인' 측면에만 지나치게 관심을 갖습니다. 성관계는 즐거운 것이며 하나님이 그렇게 설계하셨습니다. 그러나 하나님은 결혼이라는 울타리 안에서 성적인 활동을 즐기기를 원하십니다. 우리가 결혼 전 성관계에 대한 성경 말씀에 순종한다면 성병, 낙태, 미혼모, 부모 없이 자라는 아이들의 수가 획기적으로 줄어들 것입니다.

사랑에는 반드시 책임이 따릅니다. 성적 충동을 다스리는 것만이 혼전성관계에 대한 하나님의 유일한 방침입니다. 우리가 성욕을 건전하게 다스리는 일은 생명들을 구하고 아기들을 보호하며 성관계에 적절한 가치를 부여하는 일입니다. 또 가장 중요하게는 하나님을 공경하는 일입니다.

Q&A 혼전성관계로 인한 부작용에는 어떤 것이 있을까요?

Bible Talk

결혼 전의 성관계는 부도덕한 것으로 간주될까요? 고린도전서 7장 2절에 따르면, '그렇다'가 명확한 답입니다. "음행을 피하기 위하여 남자마다 자기 아내를 두고 여자마다 자기 남편을 두라(고전 7:2)" 이 구절에서 바울은 결혼이 성적 부도덕함에 대한 '치료'라고 말하고 있습니다.

부도덕한 성관계를 죄악으로 규정짓는 모든 성경 구절들 역시 혼전관계를 죄악이라고 말합니다(고전 6:13, 고전 6:18 고전 10:8, 고후 12:21, 갈 5:19, 엡 5:3, 골 3:5, 살전 4:3, 유 1:7). 성경은 결혼 전의 성관계에 대해 철저히 스스로를 제어하라고 요구합니다. 남편과 아내 사이의 성관계만이 하나님이 허락하신 유일한 성관계입니다. 창세기는 남자가 (결혼한)아내와 한 몸을 이루라(성관계를 맺으라)고 가르치고 있습니다(창 2:24).

히브리서 13장 4절은 결혼을 귀히 여기고 침소를 더럽히지 말라고 하면서 음행과 간음하는 자들이 하나님의 심판을 받을 것이라고 경고하는데, 여기서 침소를 더럽히지 말라는 말은 남편이나 아내가 아닌 다른 사람과 성관계를 맺지 말라는 뜻입니다.

세상에는 많은 남자와 여자가 있지만 오직 한 남편과 한 아내로만 만족해야 합니다. 그것이 하나님의 창조 원리와 질서에 순응하는 것입니다. 가정을 이루기 전에 우리의 몸과 마음을 구별하고 지키는 것은 너무나도 중요합니다.

Sharing

Q1 당신은 연인과의 스킨십의 수위가 어디까지 가능하다고 생각하나요?

Q2 혼전성관계에 대한 신앙인의 자세는 어떠해야 할까요?

CHAPTER
6.3

제사, 참여해도 되나요

 Think

 Open Talk

당신은
그리스도인의
제사 참여에 대해
어떻게
생각하시나요?

저는 홀로 신앙생활을 하는 불교 집안의 장남입니다. 혼자만 교회에 다니다 보니 여러 집안 행사에서 눈초리를 받을 때가 많습니다. 식사 기도를 하거나 주일성수를 할 때 등등 믿음을 지키려고 하는 저의 모습들이 가족 내에서 유별나게 여겨지고는 합니다.

특히나 집안에서 제사를 지내야 할 때가 되면 매번 가족들과 마찰을 겪게 됩니다. 제사에 참여하지 않자니 찜찜하고, 참여하자니 신앙을 저버리는 것 같아 자리를 피하거나 도망가기가 부지기수입니다. 이런 고민을 이야기하면 어떤 이들은 제사에 참여해도 된다고 말하고, 또 어떤 이들은 제사에 참여하면 우상에게 절하게 되니 절대 안 된다고 말합니다. 매번 제사 때마다 피할 수도 없고 어떻게 행동하는 것이 신앙적인 모습인지 궁금합니다. 이럴 땐 어떻게 해야 하나요?

Q&A 위와 같은 상황으로 고민하는 사람에게 무슨 말을 해줄 수 있을까요?

 General Talk

　우리는 어느 때 보다 개인의 생각과 가치관을 뚜렷하게 내세우는 시대에 살고 있습니다. 그중에서도 정치와 종교는 쉽게 접할 수 있으면서도 이야기하기 힘든 민감한 주제입니다. 관계의 친밀도와 상관없이 뚜렷한 대립각을 세울 수도 있어 같은 생각이 아니면 피하고 싶은 주제이기도 합니다. 특별히 생활양식 전반에 영향을 끼치는 종교는 더욱 그렇습니다.

　앞의 예화와는 반대이지만, 부모님의 신앙을 자녀에게 강조하거나 혹은 배우자의 신앙을 강조하면서 생기는 마찰들 또한 쉽게 접할 수 있는 문제입니다. 그리스도인으로서 남에게 신앙을 강요하며 생기는 마찰 또는 신앙을 저버리지 않으려 노력하다보니 생기는 마찰을 겪을 때마다 꼭 자신의 신앙이 문제가 되는 것 같이 느껴져 종종 신앙인임을 숨기곤 합니다.

> **Q&A** 당신이 사람들 사이에서 겪는 신앙적 어려움은 무엇인가요?

Bible Talk

바울이 사역하던 고린도 교회에서 믿는 자가 이방인의 제사에 참여해도 되는지, 제사음식을 먹어도 되는지에 대한 문제가 발생합니다. 이에 바울은 고린도 교회에 명쾌하게 답을 내려줍니다(고전 10:22-33).

바울은 이방인들이 드리는 제사는 귀신에게 하는 것이며 우상을 숭배하는 일이라고 이야기하지만 제사로부터 나온 음식은 먹어도 된다고 이야기합니다. 음식이 하나님 앞에 우리를 정죄할 수 없다고 말합니다. 즉 음식을 먹는 것이 죄나 신앙의 타협이라고 말하지 않습니다.

또 믿는 자가 제사에 사용된 음식을 먹는 행위 때문에 믿지 않는 자가 받을 영향을 생각해 지혜롭게 행동하라 말합니다. 바울은 믿는 우리가 세상에서 지혜롭게 행동하기를 부탁하고 권면합니다.

하나님의 자녀가 된 우리는 진리 안에서 자유를 누릴 수 있습니다. 하지만 우리의 행위가 내가 속한 공동체의 덕을 세우는 일인지 아닌지를 항상 생각해보아야 합니다. 우리에게 지키라 명령하신 가장 큰 계명 두 가지 "첫째는 하나님을 사랑하고 둘째는 이와 같으니 네 이웃을 사랑하라(신 6:5)" 하신 말씀을 생각하며 예수 그리스도를 본받아 행동해야 합니다. 믿지 않는 자들과 믿음 약한 형제들의 믿음을 지켜주고자 한다면 하나님을 기쁘시게 하는 그리스도인이 될 것입니다.

그러므로 제사를 참여함으로 믿음이 연약한 주위 사람들을 실족하게 한다면 제사에 참여하지 않는 것이 좋으며, 제사에 참여함으로 이웃에게 사랑을 전하고 덕을 세울 수 있다면 제사에 참여하는 것이 유익합니다.

Sharing

Q1 사람들과 종교적 차이로 갈등을 빚을 때 어떻게 행동해야 할까요?

Q2 사랑의 하나님께서는 우리가 어떻게 이웃사랑을 실천하기를 원하실까요?

CHAPTER
6.4

술, 마셔도 되나요

? Think

술을 마셔야 할지 말아야 할지 고민한 적이 있었나요?

... Open Talk

대학교 신입생 때의 일입니다. 입학 전 과별로 오리엔테이션(O.T)을 하는 자리에 참석하였습니다. 간단하게 학교 일정을 소개한 뒤, 자연스럽게 술자리로 이어졌습니다. 그러나 저는 그리스도인으로서 술을 먹지 않기로 결단하였습니다. 첫째로 하나님께서 기뻐하지 않으실 것이고, 둘째로 누군가 나의 모습으로 인해 실족하게 되면 안 된다는 마음 때문이었습니다.

신입생 테이블 앞에 자연스럽게 술병이 놓여졌습니다. 많은 갈등이 있었지만 조심스레 손을 들고 "저는 술을 마시지 않습니다. 음료수를 주시면 감사하겠습니다." 라고 용기를 내어 말하였습니다. 그런데 놀라운 일이 벌어졌습니다. 절반 이상의 신입생들이 저와 같이 술을 마시지 못한다고 손을 들었습니다. 결국 술을 먹지 않겠다는 학생들 테이블에 술 대신 음료수가 놓아졌고, 이 일은 좋은 선례가 되어 강제로 술을 마시는 일이 없어졌습니다.

Q&A 모임이나 회식 등에서 술을 거절해 본 적이 있나요?
반응은 어땠나요?

 General Talk

　요즘은 다행이 사회적으로도 술 문화를 지양하는 추세입니다. 이유는 술로 인해 사건사고가 많이 발생하기 때문입니다. 대검찰청 2017년 범죄 분석 자료에 따르면 총 948건의 살인범죄가 발생했는데 검거된 살인범죄자의 45.3%가 술에 취해 있었습니다. 다른 범죄에서도 술에 취해 벌어진 것이 30%이상이었습니다. 뿐만 아니라 매년 대학생들이 신입생 환영회 때 술로 인해 성추행 사건이 벌어지거나 심지어는 목숨을 잃기도 합니다. 가정파괴 역시 술과 밀접한 관련이 있습니다.

　이런 차원에서 보았을 때 술을 마시는 것은 가정과 사회를 파괴하고 혼란에 빠뜨립니다. 국가적인 피해도 막대합니다. 그러나 이러한 사실에도 불구하고 많은 사람들이 술에 취해 살아갑니다.

Q&A 그리스도인으로서 술을 금하는 이유는 무엇일까요?

Bible Talk

초기 선교사들이 우리나라에서 선교 활동을 하고 있을 때입니다. 조선 사람들은 열심히 일하는데도 나라가 발전하지 않고 늘 가난하게 살아가는 것을 보았습니다. 그 이유를 고민하다보니 많은 사람들이 술과 도박에 빠져 있는 것이 보였습니다. 선교사들은 조선인에게 술은 육체와 정신에 좋은 영향을 주지 못할뿐더러 나라를 망하게 하는 도구라 생각하였기에 술과 도박을 금하였습니다. 그때부터 이것이 대한민국 교회의 전통으로 자리 잡게 되었습니다.

지금의 시대는 어떻습니까? 교회를 다니고 그리스도인이라고 말하는 사람들이 술을 먹는 경우가 있습니다. 물론 먹을 수는 있습니다. 그러나 성서적으로 보았을 때, 그리스도인으로서 살아가기로 하였을 때 술은 방해거리입니다.

술을 금하는 이유는 성경에 기록되어 있기 때문입니다. 술 취함이 죄가 된다는 말씀은 곳곳에 기록되어 있습니다. 술 취함은 하나님의 나라를 유업으로 받지 못하고(고전 6:10) 방탕함의 근원(엡5:18)입니다. 실제로 술을 먹고 실수를 저지른 성경 인물들이 있습니다. 대표적으로 노아는 술을 마시고 그의 하체를 드러내서 자녀들을 노엽게 하였고, 아비가일의 남편이었던 나발은 술 마시기를 즐겨하다가 죽임을 당하였습니다. 또한 벤하닷은 술에 취해 있다가 전쟁에서 패하였습니다.

그리스도인으로서 술을 먹지 않는 것이 좋은 이유는 신앙인으로서 나의 의지를 말할 수 있는 증거이기 때문입니다. 스님들은 그들의 외형만 봐도 스님인 것을 압니다. 이슬람 교도는 코란의 가르침에 따라 하루에 다섯 번 성지 메카를 향해 기도합니다. 그 모습을 통해서 자신들이 이슬람 교도임을 알립니다. 그렇다면 우리는 무엇으로 그리스도임을 증명할 수 있을까요? 여러 가지가 있겠지만, 술을 먹지 않는 것은 그 모습 자체로 그리스도인임을 외치는 것이며, 그 모습이 누군가를 전도할 수 있는 도구가 될 수 있습니다. 물론 평소에 나의 좋은 행동이 수반되어야겠지요.

하나님께서는 우리의 몸이 하나님으로부터 받은 성령의 전이라고 하셨습니다. 그러므로 너희 몸으로 하나님께 영광을 돌리라고 말씀하셨습니다(고전6:19-20). 또한 바울은 너희가 먹든지 마시든지 무엇을 하든지 하나님의 영광을 위하여 하라고 하였습니다.

Sharing

Q1 성경은 음주에 대해 어떻게 가르치나요?

Q2 술을 먹지 않으면 어떤 유익을 얻을 수 있나요?

CHAPTER 6.5

중독

 Think

중독을 벗어나고 또 예방하기 위한 믿음의 방법은 무엇인가요?

 Open Talk

한 기사*에 의하면 현재 국내에는 대략 알코올 중독자 210만 명, 인터넷 중독자 230만 명, 도박 중독자 210만 명, 마약 중독자 50만 명, 성 중독자 200만 명 등으로 약 900만 명이 5대 중독에 빠져있을 것으로 추정된다고 합니다. 각종 중독들 가운데 한 개인에게 다수의 중독 현상이 복합적으로 나타날 수 있기에 그 숫자는 다소 감소될 것이나, 그럼에도 불구하고 전체인구 5천만 명의 1/6에 해당하는 엄청난 수입니다. 게다가 청소년과 어린아이들도 핸드폰이나 게임에 중독되는 경우가 많습니다. 중독은 연령대에 예외가 없고, 또 매우 보편화 되어 있습니다.

* 크리스천투데이, "마약•알콜 등 중독분야에서도 속히 국회와 정부 나서야", 2018년 6월 7일 기사인용

Q&A 당신에게도 끊으려 해도 끊어지지 않는 것이 혹시 있나요?

 General Talk

종종 뉴스를 통해 접하는 폭행, 살인 사건 등을 보면 그 원인 중 하나가 알코올중독이나 게임중독인 경우가 꽤 있습니다. 도박중독으로 인해 재산을 탕진하는 이야기도 어렵지 않게 접하게 됩니다. 이와 같이 어떠한 중독이든지 그 중독은 물질적, 정신적, 신체적인 폐해를 낳습니다. 크든 적든 말입니다.

요즘 젊은 학생들의 게임과 인터넷 중독과 일명 카페인 중독(카카오톡, 페이스북, 인스타그램 중독)이라 불리는 SNS 중독도 큰 폐해를 보입니다. 전문가들은 이러한 중독에 빠지면 공격성이 강해지고, 감정 컨트롤이 어려워지는 현상을 보인다고 말합니다. 뿐만 아니라 중독자들은 현실 사회 사람들과의 소통에 어려움을 느끼고 불안증세를 보이기도 합니다.

이렇게 무서운 중독에서 벗어나기 위해서는 다양한 접근의 해결방안을 모색해야 합니다. 전문가들이 중독에서 벗어나기 위한 방법으로 이야기 하는 것 중 한결같이 제시하는 것이 있습니다. 자기 자신을 직시하고, 전문가의 도움을 받아야 하며, 건강한 다른 습관들을 가지는 것입니다.

Q&A 중독을 끊으려면 어떻게 해야 할까요?

📖 Bible Talk

요한일서 2장 15-16절은 우리에게 이와 같이 권면합니다.

"이 세상이나 세상에 있는 것들을 사랑하지 말라 누구든지 세상을 사랑하면 아버지의 사랑이 그 안에 있지 아니하니 이는 세상에 있는 모든 것이 육신의 정욕과 안목의 정욕과 이생의 자랑이니 다 아버지께로부터 온 것이 아니요 세상으로부터 온 것이라"

술, 마약, 도박, 게임 등 중독의 대상은 육신의 정욕, 안목의 정욕, 이생의 자랑을 위한 것이 대부분입니다. 성경은 그것들을 사랑하지 말라고 말하고 있습니다.

그리스도인들도 자기 자신을 직시해야 합니다. 지금 내가 너무나 사랑하는 것이 무엇인지 정확히 알아야 합니다. 그것이 하나님께서 기뻐하시는 것이 아닌 세상의 즐거움에 속한 것인지 들여다봐야 합니다.

많은 중독자들이 자기 자신의 문제를 제대로 모를 뿐더러 인정하지도 못합니다. 그렇기 때문에 정확하게 진단하고 조치할 수 있는 전문가의 도움이 필요합니다. 중독에 빠진 그리스도인들도 영적인 지도자의 도움을 받아야 합니다. 무너진 신앙의 요소들이 무엇인지 진단받고 그것을 회복하기 위한 방법을 영적인 전문가로부터 들어야 합니다. 기도를 요청하고, 의료적인, 사회적인 도움도 받을 수 있도록 조언을 구해야 합니다.

하나님께서는 우리에게 "내가 거룩하니 너희도 거룩하라(레 11:45)"고 명령하셨습니다. 또 하나님의 성전인 우리에게 거룩하다고 말씀하셨습니다(고전 3:16-17). 우리는 우리 스스로를 거룩하게 해야 할 의무와 책임이 있습니다. 죄와 거짓에서 멀어지기를 힘써야 합니다. 우리가 세상의 즐거움에 빠진 중독에서 벗어나 거룩함을 회복하기 위해서는 신앙의 건강한 습관들을 세우는 것이 굉장히 중요합니다.

"육체의 연단은 약간의 유익이 있으나 경건은 범사에 유익하니 금생과 내생에 약속이 있느니라(딤전 4:8)"

우리에게는 경건의 훈련이 필요합니다. 하나님의 말씀을 읽고 듣는 습관을 통해 더욱 하나님을 사랑하게 되며, 하나님의 거룩함을 닮으려는 노력이 우리에게 있어야 합니다.

Sharing

Q1 주변에서 중독에 의한 폐해를 보거나 들은 적이 있으신가요?

Q2 거룩함을 위한 당신의 습관은 무엇이 있나요?

CHAPTER 6.6

우상

Think

지금 당신과 우리에게 있는 우상이 있다면 무엇인가요?

Open Talk

노래를 좋아하는 청년이 있었습니다. 노래를 좋아했기에 교회에서 찬양단으로도 봉사를 했습니다. 어느 주일 청년이 보이지 않는 것입니다. 전도사님이 연락을 해도 받지 않습니다. 무슨 일이 있는 건 아닌지, 아픈 건 아닌지 걱정이 되었습니다.

늦은 저녁 시간 청년에게서 전화가 왔습니다.

"전도사님, 전화 하셨네요. 전화온 줄 몰랐어요."

"어! 그래. 오늘 교회도 안 오고 혹시 무슨 일 있는 거니?"

"저 오늘 콘서트 보러왔어요. 제가 엄청 좋아하는 가수 공연인데 일요일 밖에 안하더라고요. 예배야 매주 드릴 수 있지만 콘서트는 매번 있는 기회도 아니고 해서, 어쩔 수 없이 왔어요."

Q&A 이 청년과 비슷한 경험이 혹시 있으셨나요?

General Talk

흔히 우상이라고 하면 금속·돌·나무 등으로 만들어 인간이 숭배하는 상을 이야기 합니다. 우상은 역사적으로 인류의 초창기 때부터 존재했습니다. 인간은 언제나 무언가를 혹은 누군가를 숭배해왔기 때문입니다. 그래서 전 세계 어디서나 다양한 시대의 유물들로 우상이 발견됩니다.

이 시대도 역시 우상은 존재합니다. 여전히 자신이 믿는 신을 형상화하여 그것에 절하며 숭배하는 사람들이 있고, 성인이나 위인을 기념하여 만든 상을 숭배하기도 합니다.

성경 속에도 수많은 우상이 있습니다. 구약성경에 바알, 아세라, 다곤 등이 석상이나 목상의 형태로 등장합니다. 금이나 은으로 만든 송아지도 많이 등장합니다. 인간은 그 우상을 만들기 위해 자신의 시간과 재능을 드리고, 소유를 내어놓기도 하며, 심지어는 생명을 내어놓기도 합니다.

하나님께 선택받은 이스라엘 민족은 여호와 하나님을 섬기면서도 때때로, 다른 우상을 만들어 섬기곤 했습니다. 이스라엘 아라드에 가면, 남쪽 유대 광야에 살았던 사람들이 하나님께 예배를 드리던 성소가 있습니다. 그리고 그 성소에는 두 개의 돌기둥이 세워져 있습니다. 하나는 여호와를 향한 제단이고, 하나는 우상 아세라를 향한 제단입니다.

▲ 조각된 큰 제단이 여호와 제단, 오른쪽의 작은 제단이 아세라 제단이다

Q&A 인간이 우상을 만들어 섬기는 이유는 무엇일까요?

Bible Talk

이스라엘 백성들은 여호와를 향한 제단 옆에 아세라를 향한 제단도 만들었습니다. 그것은 불안과 두려움에서 비롯된 마음일 것입니다. 다시 말해, 하나님에 대한 확신 없음이 반영된 것입니다. 신앙생활을 열심히 하면서도 점을 보러 다니는 사람이 제법 많은 이유도 그것입니다.

하나님은 우리에게 분명하고도 단호하게 말씀하십니다.

"그런즉 내 사랑하는 자들아 우상 숭배하는 일을 피하라(고전 10:14)"

"너는 나 외에는 다른 신들을 네게 두지 말라 너를 위하여 새긴 우상을 만들지 말고 또 위로 하늘에 있는 것이나 아래로 땅에 있는 것이나 땅 아래 물속에 있는 것의 어떤 형상도 만들지 말며 그것들에게 절하지 말며 그것들을 섬기지 말라(출 20:3-5)"

우상숭배는 하나님께서 너무나 싫어하는 것입니다. 그래서 하나님은 우상숭배를 금하셨고, 우상을 숭배하는 자들에게 분노를 나타내셨고, 우상을 숭배한 개인이나 민족·나라가 죽거나 멸망하는 경우도 성경에 기록되어 있습니다.

우상은 꼭 눈에 보이는 상으로만 존재하는 것은 아닙니다. 예화 속 청년이 예배를 드리지 않고 좋아하는 가수의 콘서트를 선택한 것은 하나님이 우선순위에서 뒤로 밀려났음을 말해줍니다. 하나님보다 더 사랑하거나, 함께 사랑해서 하나님을 우선순위에서 밀어낸다면, 어떤 것이든 우상이 될 수 있습니다. 연인도 친구도 가족도 우상이 될 수 있습니다.

재물에 대한 마음이 하나님보다 앞서 있다면 그것 또한 우상이 될 수 있습니다(마 6:24). 구약시대의 우상으로 섬겼던 바알과 아세라의 의미가 바로 그렇습니다. 바알은 물질과 풍요를, 아세라는 음란과 다산을 상징합니다. 결국 탐심과 욕심에 의한 것들입니다. 그래서 골로새서 3장 5절은 우리에게 이와 같이 말합니다.

"그러므로 땅에 있는 지체를 죽이라 곧 음란과 부정과 사욕과 악한 정욕과 탐심이니 탐심은 우상 숭배니라"

결국 이 탐심은 우리를 사망으로 인도합니다(약 1:15). 우리 안에 스며드는 우상숭배의 문제를 극복하기 위해서는 하나님을 향한 확신을 견고히 해야 합니다. 하나님 외에 다른 것에 대한 기대가 욕심과 탐심으로 자리 잡아 우리를 죄와 사망의 길로 인도할 수 있음을 기억하고 경계해야 합니다.

Sharing

Q1 당신에게 지금 우상일 수 있는 것은 무엇일까요?

Q2 그것을 제하기 위해서는 어떤 노력을 해야 하나요?

CHAPTER
6.7

리더십

? Think

본받고 싶은 리더십을 가진 인물이 있나요?

Open Talk

저는 청년 소그룹을 섬기고 있는 리더입니다. 리더의 자리에서 저희 멤버들을 잘 챙겨야 한다는 책임감과 부담감이 있습니다. 주중에 문자 심방도 하고 개인 재정을 써가며 멤버들을 관리하고 있습니다.

그런데 주일 예배 후에 멤버들 간의 갈등이 있었습니다. 멤버 중 한명이 한 주간의 삶을 나누는 도중에 다른 사람이 그의 삶을 정죄하기 시작한 것입니다. 급기야 서로는 언성이 높아졌고 삶을 나눈 청년은 자리를 박차고 나가 돌아오지 않았습니다. 저는 리더로서 그 상황에서 어떻게 지도하고 인도해야 할지 감이 잡히지 않아 아무 말도 못하고 말리기만 하였습니다.

종종 리더로서 역할이 애매할 때가 있습니다. 리더로서 열심히 섬기려하는 마음이 있기는 한데, 어떠한 모습이 진정한 리더의 모습인지 고민이 됩니다.

Q&A 리더의 자리에서 어려움을 겪었던 적이 있나요?

 General Talk

영국 출신의 탐험가 어니스트 섀클턴은 가장 위대한 실패자로 불립니다. 섀클턴은 1914년 28명의 대원들과 함께 남극을 탐험하던 중 배가 난파되었습니다. 모두가 남극에서 얼어 죽을 것이라고 예상했지만 28명의 대원 모두는 637일 만에 기적적으로 무사 귀환하였습니다. 그들이 살아날 수 있도록 가장 큰 역할을 했던 것은 선장인 섀클턴의 리더십 덕분이었습니다.

사실 한 해 전인 1913년 북쪽의 탐험선 칼럭호도 탐험 중 고립되고 말았습니다. 그런데 섀클턴의 배와는 반대로 그 안에 있던 사람들은 몇 개월 만에 완전히 이기적인 사람들로 변해버렸습니다. 거짓말을 하고 서로의 것을 도둑질했습니다. 결국 칼럭호는 침몰했고 그 안에 있던 사람들도 북극에서 죽고야 말았습니다.

무엇이 차이일까요? 바로 리더십의 차이였습니다. 리더의 역할을 어떻게 감당하느냐에 따라 그 공동체가 변하게 됩니다. 섀클턴의 리더십에서 배울 것은 그는 모든 대원들의 마음을 다 꿰뚫었다는 것입니다. 그는 대원들의 상태가 어떤지 꿰뚫고 있었고, 그들을 이해하는 공감능력과 행동이 있었습니다. 섀클턴은 이렇게 말하였습니다.

"위대한 리더임을 나타내는 표지는 자신을 몰아내려는 사람들에게 귀를 기울이고 그들을 존중할 수 있는 능력이 있어야 한다."

Q&A 당신은 어떤 리더로 세워지고 싶은가요?

Bible Talk

교회 안에서 좋은 리더, 세상 속에 좋은 리더가 되기 위해서는 어떻게 해야 할까요? 어디서 배울 수 있을까요? 바로 예수님의 리더십에서 배울 수 있습니다. 예수님께서 이 땅에서 어떻게 사셨는지를 보면 그 안에서 예수님의 리더십을 배울 수 있습니다.

예수님께서는 "내가 섬김을 받으러 온 것이 아니라 도리어 섬기러 왔다"라고 말씀하셨습니다. 좋은 리더가 되기 위해서는 섬기는 법을 먼저 배우라고 말씀하셨습니다. 왜 리더가 되려면 먼저 섬기라고 하셨을까요? 예수님께서 먼저 섬김의 본을 보이셨기 때문입니다(막 10:44-45).

사람을 섬기기 위해 예수님께서 보여주신 네 가지 모습이 있습니다. 먼저 성육신하신 예수님입니다(빌 2:6-8). 예수님께서 인간의 몸으로 오셨다는 사실은 참 놀라운 일입니다. 이 사실은 하나님께서 인간을 사랑하시고 이해하신다는 뜻입니다. 이것을 통하여서 배울 수 있는 리더십은 상대방의 입장을 이해하고 배려하는 것입니다.

두 번째는 종으로 오신 예수님입니다(요 13:13-15). 누군가를 섬긴다는 것은 자존심이 상할 수도 있는 일입니다. 그러나 예수님께서는 스스로 종으로 오셨고 섬기기 위하여 오셨다고 말씀하셨습니다.

세 번째는 십자가에 못 박히신 예수님입니다(막10:44-45). 십자가는 희생을 의미합니다. 또한 생명을 의미합니다. 십자가를 통하여서 죽을 수밖에 없는 자들이 구원의 기쁨을 누릴 수 있게 되었습니다. 리더십의 중요한 덕목 중 하나가 바로 희생입니다. 희생하지 않으면 생명을 얻을 수 없습니다.

마지막은 사랑하시는 예수님입니다(요21:15-17)입니다. 예수님께서 성육신 하시고, 종으로 오시고, 십자가에 못 박히실 수 있었던 것은 바로 사랑하는 마음이 있었기 때문입니다. 사랑이 없이는 이러한 모든 일들이 불가능합니다. 예수님께서는 우리에게 사랑을 보이셨고, 그 사랑을 나누며 살라고 말씀하셨습니다.

Sharing

Q1. 예수님은 우리에게 어떤 리더의 모습을 보이셨나요?

Q2. 좋은 리더가 되기 위해서 당신이 해야 할 것은 무엇인가요?